1001 ideas
para el hogar

1001 ideas
para el hogar

Cristian Campos

Bath · New York · Singapore · Hong Kong · Cologne · Delhi · Melbourne

Copyright © Parragon Books Ltd

Parragon Books Ltd
Queen Street House
4 Queen Street
Bath BA1 1HE, RU

Coordinación editorial: Catherine Collin
Textos: Cristian Campos
Documentación fotográfica: Cinta Martí, Julio Fajardo
Dirección de arte: Mireia Casanovas Soley
Maquetación: Ignasi Gracia Blanco

Todos los derechos reservados. Ninguna parte de esta obra se puede reproducir, almacenar o transmitir de forma o por medio alguno, sea éste electrónico, mecánico, por fotocopia, grabación o cualquier otro, sin la previa autorización escrita por parte de la editorial.

Impreso en China
Printed in China

ISBN: 978-1-4075-0940-2

Índice

6 Introducción

10 ESPACIOS

Superficies
12 Revestimientos
26 Pavimentos

Elementos divisorios y unificadores
40 Escaleras
52 Plataformas
60 Vigas/Columnas/Pilares
70 Paneles
84 Puertas
100 Persianas/Cortinas

Ausencia de límites
124 Espacios unitarios/
Cocinas de planta abierta

Cocinas
138 Cocinas isla
150 Cocinas barra
160 Detalles

Baños
176 Duchas
186 Bañeras
198 Sanitarios

Exterior
220 Piscinas

232 ELEMENTOS

Mobiliario
234 Sofás
246 Butacas
258 Sillas
270 Bancos/Taburetes
288 Mesas
300 Mesas de centro
310 Camas
324 Armarios
336 Estanterías
344 Muebles de terraza

Complementos
356 Alfombras
366 Cojines
374 Espejos
386 Detalles naturales
398 Chimeneas

408 LUZ Y COLOR

Color
410 Colores cálidos
422 Colores fríos
432 Contraste/Complementariedad
444 Tonalidades y luminosidad
460 Paleta de colores

Luz
468 Iluminación parcial
484 Iluminación general
496 Luz natural

512 Créditos fotográficos

INTRODUCCIÓN

EL MEJOR MOMENTO PARA DECORAR

Uno de los factores decisivos en la consecución de una buena decoración es el momento en que ésta se lleva a cabo. Lo mejor es decorar cuando uno se encuentra bien consigo mismo pero siente la necesidad de cambiar algunos aspectos de su entorno para que ello le ayude a mejorar su calidad de vida. El principal objetivo de la decoración es crear un ambiente agradable y armonioso, y sólo podremos alcanzar este objetivo si nos encontramos en un buen momento personal. Si decidimos decorar una habitación en un periodo en el cual nos sentimos tristes, esta tristeza se verá reflejada, sin duda, en la decoración que consigamos y podrá influir de forma negativa en el futuro.

Los decoradores, cuando se enfrentan a un proyecto, tienen largas charlas con el cliente, ya que cuanto mejor conozcan sus necesidades, mejores serán los resultados que obtengan. Cuando los decoradores somos nosotros, debemos llevar a cabo este diálogo con nosotros mismos. Es un error pensar que en estos casos no debemos hacerlo. Tenemos que analizar de forma objetiva cuáles son nuestras necesidades y gustos y descubrir las posibilidades que nos ofrece el espacio del que disponemos. Cuanto más profundo y detallado sea este análisis más satisfactoria será la solución final.

Otra de las claves para una buena decoración es no tener prisa. Debemos concebir el proceso de la decoración como una etapa larga y evolutiva, y estar abiertos a los cambios. Aunque desde un principio hayamos elegido por ejemplo un color, podemos darnos cuenta más tarde de que no es el más adecuado y ello no significa que hayamos cometido un error.

Las grandes superficies pueden hacer cambiar la tonalidad de ese color que nos pareció apropiado cuando hicimos las primeras pruebas y, por tanto, puede que sea necesario volver a tomar una decisión y elegir de nuevo. Tampoco debemos tener prisa cuando estemos comprando aquellos elementos que nos faltan para completar la idea que hemos concebido para ese espacio que decoramos.

Es bueno dejar la decoración inacabada, lo cual nos permitirá hacer nuevas aportaciones en el futuro, e incluso pequeños cambios, que nos harán sentir que nuestra casa es como un ser vivo que evoluciona junto a nosotros y que se nutre de nuestras propias experiencias personales, al mismo tiempo que refleja muchos aspectos de nuestra personalidad. Hemos de tener muy claro que el objetivo de la decoración es la creación de un entorno vital agradable y satisfactorio, adecuado a las propias necesidades, y no dejarnos llevar demasiado por las modas. La mejor decoración no es aquella que ha costado más dinero o aquella en la cual hay más objetos de moda, sino la que hace que nos sintamos cómodos en nuestra propia casa y está en consonancia con nuestro estilo y nuestros gustos.

ELEGIR UN ESTILO

La elección del estilo para nuestra casa es algo muy personal. Aunque parezca que lo más fácil es dejarse guiar por las imágenes de la televisión, las revistas o los libros de decoración, debemos tener claro que esas imágenes reflejan el estilo y la personalidad de las personas que las han creado, y si las copiamos fielmente no serán expresión de nosotros mismos, sino de ellas. Esto no significa que debamos renunciar a estas fuentes de información, sino que tenemos que considerarlas sólo como una inspiración. En el momento de elección de un estilo debemos ser conscientes, primero, del espacio del que disponemos y, segundo, de las posibilidades que ofrece.

La calidad arquitectónica del edificio debe ser valorada y, de ese modo, optar por destacarla si tiene interés o bien disimularla si no merece la pena. En este momento del análisis no estaría de más conseguir un cierto distanciamiento, intentando juzgar fríamente las posibilidades tanto del espacio como de los elementos de los que disponemos. Así podremos decidir qué es lo que conservaremos, lo que recuperaremos con algún cambio y lo que eliminaremos. En algunas ocasiones, el punto de partida puede ser un elemento de una determinada importancia, por ejemplo un mueble muy antiguo heredado de un familiar o unos vitrales que decoran una ventana de un viejo edificio.

En estos casos, la mejor decisión es que la decoración de ese ambiente gire en torno a estos elementos, que por su importancia se convertirán en el centro de atención sobre el cual se organizarán todos los demás objetos que añadiremos para completar la habitación. Una vez terminada esta operación, que debe ser lo más objetiva posible, podemos proceder a elegir un estilo.

Como ya hemos señalado, las imágenes de la televisión o de libros y revistas son una importante fuente de inspiración. También lo puede ser el conocimiento de otra cultura, así podemos crear un espacio de inspiración oriental, india, africana..., siempre teniendo en cuenta que debe reflejar aspectos personales, ya que si olvidamos esta premisa podríamos encontrarnos con ambientes que parecen más una sala de museo que nuestra propia vivienda.

El siguiente paso se basa en recoger muestras de cualquier tipo de elementos o materiales que creamos que pueden contribuir a la creación de ese estilo que estamos buscando. Debemos reunir el mayor número posible de elementos: fotografías, materiales, plantas, telas, colores... todo aquello que se nos ocurra. Cuando creamos que tenemos suficiente, procederemos a descartar aquellos que se alejan de nuestros objetivos o que no se adaptan a nuestras posibilidades. El resultado de este proceso será un conjunto de objetos y materiales que ilustren y ejemplifiquen los distintos tratamientos que escogeremos para decorar los diferentes espacios.

Con toda esta información recogida podemos proceder a ejecutar el proyecto.

No debemos olvidar que tenemos a nuestra disposición un recurso muy poderoso que nos ayudará a dar más carácter a ese ambiente que estamos creando: la iluminación. Según el estilo que hayamos elegido deberemos iluminar de una forma u otra. Si queremos conseguir una atmósfera del siglo XVIII o XIX, optaremos por niveles de iluminación más bien bajos. En interiores de época es importante la elección de enchufes e interruptores. Podemos inclinarnos por elegir aquellos que permitan ser ocultados fácilmente, instalar reproducciones o piezas antiguas originales adaptadas que se pueden encontrar en anticuarios y rastrillos. Algunas lámparas tienen por sí mismas un fuerte carácter y se convierten en un elemento destacado de la decoración, evocando por sí solas un ambiente concreto. Una lámpara Tiffany art nouveau nos trasladará fácilmente a principios de siglo, y una lámpara de pantalla cónica de cristal verde creará un ambiente que nos remite a una sala de billar eduardina cargada de humo.

REDECORAR

Si lo que queremos es redecorar una habitación, el proceso será algo distinto. La redecoración se basa en conservar la gran mayoría de los elementos de que disponemos. Los pasos más importantes que debemos seguir serán la ejecución de una nueva distribución de los elementos en el espacio y un estudio de las posibilidades que nos ofrecen las técnicas decorativas que tenemos a nuestro alcance. Aunque parezca difícil cambiar un espacio sin introducir nuevos elementos, seguro que nos sorprenderá el resultado. Debemos tener en cuenta que disponemos de técnicas decorativas, como el decapado o el tapizado, que nos permiten cambiar totalmente el aspecto de un mueble. Durante el proceso de redecoración debemos tener siempre claro el estilo que perseguimos, ya que es muy fácil perder la coherencia entre los distintos elementos.

Por otro lado, hay que considerar las posibilidades de transformación del espacio, desde variar el color de las paredes empapelándolas, modificar el aspecto del techo forrándolo de madera, renovar el pavimento o cubrir el suelo con alfombras hasta mejorar el aspecto de las ventanas con nuevas cortinas. El proceso de redecoración es más económico que el de decoración, pero ello no debe animarnos a abusar de los medios de que disponemos, como la pintura. Asimismo debemos tener siempre en cuenta que los cambios que hagamos deben ser reversibles, ya que en un futuro podemos querer recuperar el aspecto original de un mueble o una pared. Cuando nos encontramos con edificios antiguos y singulares, debemos intentar mejorarlos, en la medida de lo posible, modificando siempre en lo mínimo el alma del inmueble.

CREAR NUEVOS ESPACIOS

Antes de enfrentarnos a la decoración de un espacio hay que tomar en consideración algunos aspectos externos del mismo: la orientación y la vista. El enfoque que daremos al espacio y a la decoración está en función del interés de estas dos variantes.

El punto de mayor importancia e interés de una habitación con buenas vistas son, sin lugar a dudas, las ventanas. La orientación nos informa de cómo es la iluminación de ese espacio en cuanto a luz natural se refiere, y así podremos analizar la iluminación artificial, materiales y colores que mejor se adapten a las condiciones lumínicas del espacio. Tanto si estamos redecorando una vieja habitación como si estamos creando la decoración para una nueva casa, lo que hacemos es configurar un nuevo espacio y ello implica que debemos tener en cuenta ciertos aspectos. La creación de nuevos espacios debe hacerse siempre con el soporte de un plano a escala que nos permita dibujar los nuevos elementos que se van a colocar y ver cómo se relacionan entre ellos para saber si responderán a nuestras necesidades. Es importante conseguir muestras de grandes dimensiones de los materiales o colores que vayamos a utilizar, y así poder contemplarlas en el espacio que van a ocupar y comprobar cómo responden a la luz natural y a la luz artificial a la que tendrán que someterse.

Es conveniente tener en cuenta dónde colocaremos los distintos pavimentos del suelo, si los hay, y los recubrimientos murales, y observar de qué manera les afecta la luz cuando los situamos en estas posiciones. No hay que olvidar en ningún momento que, aunque estamos trabajando en dos dimensiones sobre el plano, el espacio que estamos creando es tridimensional. Por tanto es recomendable que confeccionemos también un dibujo en perspectiva, aplicando los materiales y colores que hayamos previsto utilizar. Esto nos ofrecerá una idea bastante parecida al resultado que obtendremos.

A la hora de distribuir y crear nuevos espacios podríamos necesitar la ayuda de un experto que nos asesore sobre las posibilidades que nos ofrece la arquitectura del edificio, ya que siempre debemos tener en cuenta la viabilidad de ampliar un espacio o reducirlo según nuestras necesidades. En estos casos, un profesional nos ayudará a decidir cuáles son los muros o tabiques que podemos modificar y qué coste comportará hacerlo. Si nos enfrentamos a la decoración completa de una nueva vivienda, abordaremos habitación por habitación.

Cuando nos encontremos con habitaciones difíciles, ya sea porque son demasiado pequeñas o exageradamente grandes, o porque tengan formas extrañas, puede ayudarnos hacer un listado de las ventajas e inconvenientes y valorarlos para así tomar las decisiones más oportunas.

En el caso de habitaciones de pequeñas dimensiones, la mejor solución suele ser reducir al mínimo los elementos que la decoren e instalar sólo aquellos que sean imprescindibles; para ello hay que hacer un análisis detallado de las necesidades de ese espacio y de las personas que van a ocuparlo. La homogeneidad de los elementos nos ayudará también a hacer que una habitación pequeña parezca más grande.

Una habitación de grandes dimensiones también puede ser un problema. En este caso podemos ayudarnos del color o de los papeles pintados para crear la sensación de que el espacio está más lleno. Debemos huir de la tendencia a acumular objetos superfluos. Una buena solución para estos casos es crear más de un ambiente en la misma habitación. Si se trata, por ejemplo, de un salón comedor, podemos introducir un pequeño espacio dedicado a la lectura o al estudio, o también una segunda zona de estar de dimensiones reducidas y de estilo totalmente distinto a la principal, que tenga un ambiente más íntimo.

Cuando estemos ante habitaciones de formas irregulares, el primer objetivo debe ser intentar unificar el espacio, y un buen recurso para hacerlo son los muebles hechos a medida, que nos permiten hacer que una pared oblicua parezca formar un ángulo recto, engañando, en cierto modo, a la vista.

Unas cortinas situadas estratégicamente pueden ayudarnos a disimular aquella ventana que se encuentra descentrada respecto a una pared.

Si nos encontramos con elementos de los cuales no podemos prescindir, como por ejemplo un pilar mal colocado, deberemos analizar la situación y ver si lo que nos conviene más es intentar que pase desapercibido, pintándolo del mismo color que las paredes, o bien destacarlo para que adquiera importancia y se convierta en un foco de atención.

Para tener una concepción más clara de un nuevo espacio podemos separar los elementos que lo forman: el contenido y el continente. El continente lo forman las paredes, el suelo y el techo, y el contenido son aquellos muebles y otros objetos que formarán parte de la habitación. La coherencia y equilibrio del espacio que creamos se basa en conseguir la conexión entre contenido y continente, así como entre los elementos que forman cada uno de ellos.

El suelo, pese a tener las mismas dimensiones que el techo, suele ejercer mayor impacto, y por esto debemos tener cuidado al elegir el tratamiento que vamos a darle. El techo en edificios antiguos suele parecer demasiado alto, efecto que debemos neutralizar con un acabado parecido al del suelo y las paredes. Un color oscuro puede ayudarnos y, por el contrario, un color claro y distinto al de las paredes hará que un techo bajo parezca más alto. Las paredes representan una parte importante de la superficie de la habitación. Podemos tratarlas como un elemento decorativo por sí mismo con ayuda de papeles pintados, pinturas, estucados e incluso recubrimientos de madera. En caso contrario, las trataremos como fondo y las decoraremos de una forma neutra. De este modo, los muebles adquirirán más importancia, por lo que este procedimiento es más adecuado para mobiliario que tenga un interés especial, como el antiguo.

En la concepción del nuevo espacio se debe tener en cuenta cuáles serán las zonas de circulación. Éstas determinarán los espacios donde deben colocarse los muebles y aquellos que deben quedar libres.

Espacios

Distribuir el espacio implica disponer físicamente estancias, muebles y accesorios de una forma armónica y adecuada a nuestras necesidades. Planificar una distribución racional, útil y cómoda del espacio disponible es el primer paso a la hora de desarrollar un proyecto integral de interiorismo para nuestra vivienda. El estudio previo de los planos horizontales y verticales, de los elementos divisorios, de las puertas, las ventanas, las escaleras y los tabiques nos será de gran ayuda a la hora de optimizar el espacio disponible. Al contrario de lo que podría pensarse, una vivienda de gran tamaño no resulta más fácil de distribuir que una de tamaño mediano o pequeño. Si acaso, plantea problemas diferentes.
Existen decenas de trucos de interiorismo que nos permiten ampliar visualmente el tamaño de una estancia, unificar espacios, aprovechar al máximo la luz existente, sugerir diferentes estados de ánimo, disimular puntos débiles de nuestra vivienda o potenciar sus detalles atractivos logrando que se conviertan en el centro de atención visual. En general, en una vivienda pequeña se tenderá a eliminar tabiques innecesarios uniendo los distintos espacios y permitiendo que la luz llegue a todos los rincones, mientras que en viviendas de tamaño mediano o grande las prioridades pasarán por integrar los distintos elementos y por lograr que la vivienda fluya sin transiciones bruscas y de forma coherente. Hay que tener en cuenta que no todos los trucos, consejos y sugerencias incluidos en este capítulo son aplicables a todo tipo de viviendas. Cada casa, apartamento o piso tiene unas peculiaridades propias y lo que puede parecer una buena idea para uno de ellos puede no serlo tanto, o resultar incluso contraproducente, para los otros. Analizar las características de nuestra vivienda y sus puntos débiles y fuertes, en primer lugar, y nuestras necesidades y prioridades, en segundo, nos ayudará a encontrar la solución más adecuada sin tener que pasar por el pesado proceso de ensayo-error. Este capítulo ofrece decenas de ejemplos prácticos, acompañados por una concisa explicación, para todos aquellos que pretendan optimizar la distribución de los espacios y los elementos estructurales de su vivienda.

Superficies
Revestimientos 12
Pavimentos 26

Elementos divisorios y unificadores
Escaleras 40
Plataformas 52
Vigas/Columnas/Pilares 60
Paneles 70
Puertas 84
Persianas/Cortinas 100

Ausencia de límites
Espacios unitarios/
Cocinas de planta abierta 124

Cocinas
Cocinas isla 138
Cocinas barra 150
Detalles 160

Baños
Duchas 176
Bañeras 186
Sanitarios 198

Exterior
Piscinas 220

REVESTIMIENTOS

La piedra es uno de los materiales más adecuados para los suelos de las viviendas de inspiración rústica o étnica. El color de las paredes debería remitir entonces a los colores de la naturaleza: tostados, chocolate, cobrizos...

La combinación de materiales aparentemente incompatibles, como el hormigón, el ladrillo y la madera, puede resultar adecuada para aquellos que quieran darle a su vivienda un toque heterodoxo.

Los zócalos de madera permiten disimular y dar un acabado elegante a la unión de pared (o columna) y suelo.

Superficies > Revestimientos 13

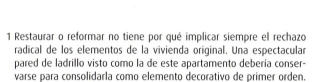

1 Restaurar o reformar no tiene por qué implicar siempre el rechazo radical de los elementos de la vivienda original. Una espectacular pared de ladrillo visto como la de este apartamento debería conservarla para consolidarla como elemento decorativo de primer orden.

2 Las bóvedas de cañón (de sección transversal circular) suelen ser de ladrillo, hormigón armado o piedra. El ladrillo es un material de fuerte personalidad que reclama todo el protagonismo estético.

3 Las molduras provocan interesantes modulaciones de luz y sombras que se proyectan sobre el mobiliario y las superficies de la zona en la que se encuentran.

4 No existe ninguna regla escrita que diga que las paredes deban mostrar una superficie uniforme: combinar un revestimiento de yeso o cualquier otro material con áreas en las que la piedra quede a la vista aportará dinamismo a la vivienda.

5 Un mobiliario de estilo clásico, frecuentemente recargado, debería combinarse con elementos naturales que lo liberen de peso visual. En este caso, revestimientos rústicos en torno a las ventanas que aportan calidez y naturalidad.

6 El uso de elementos de acero puede equilibrarse, en el caso de resultar visualmente fríos y de remitir a una estética industrial, mediante paredes de piedra o de ladrillo pintadas de blanco, que propiciarán una atmósfera más relajada y armónica.

7 Los acabados irregulares e imperfectos, como el de esta pared, resultan naturales, cálidos y dinámicos, en contraste con los acabados perfeccionistas y fríos de los interiores high-tech.

8 El techo de este espacio se ha revestido con placas de un material artificial que imita la textura del corcho, lo que contrasta poderosamente con el suelo de estética industrial escogido.

9 Los tabiques forrados con materiales de colores llamativos suelen utilizarse como elementos decorativos de fuerza o como separadores visuales del espacio.

10 La pared interior de bloques de piedra sin pulir de esta vivienda contrasta fuertemente con el mobiliario y el resto de revestimientos, lo que le confiere una fuerte personalidad al espacio.

Superficies > Revestimientos

El acabado de hormigón que reviste la pared y la barra de esta cocina sirve para delimitar su espacio y contrasta con el predominio del blanco en una vivienda de diseño tremendamente moderno.

El hecho de que las piedras que forman una pared sean todas de distinta tonalidad, dentro de una misma gama cromática, hará que la luz adopte espectaculares y caprichosos reflejos al proyectarse sobre ellas.

La funcionalidad no siempre camina separada del diseño: una pared de piedra aísla magníficamente tanto del frío como del calor.

Una pared de hormigón veteada por completo con hendiduras horizontales permite encajar en ella elementos como estanterías o peldaños de la escalera.

El gris es un color que suele "apagar" la atmósfera de una habitación, por lo que resulta buena idea compensarlo con materiales cálidos o una decoración en la que destaquen algunos detalles de color.

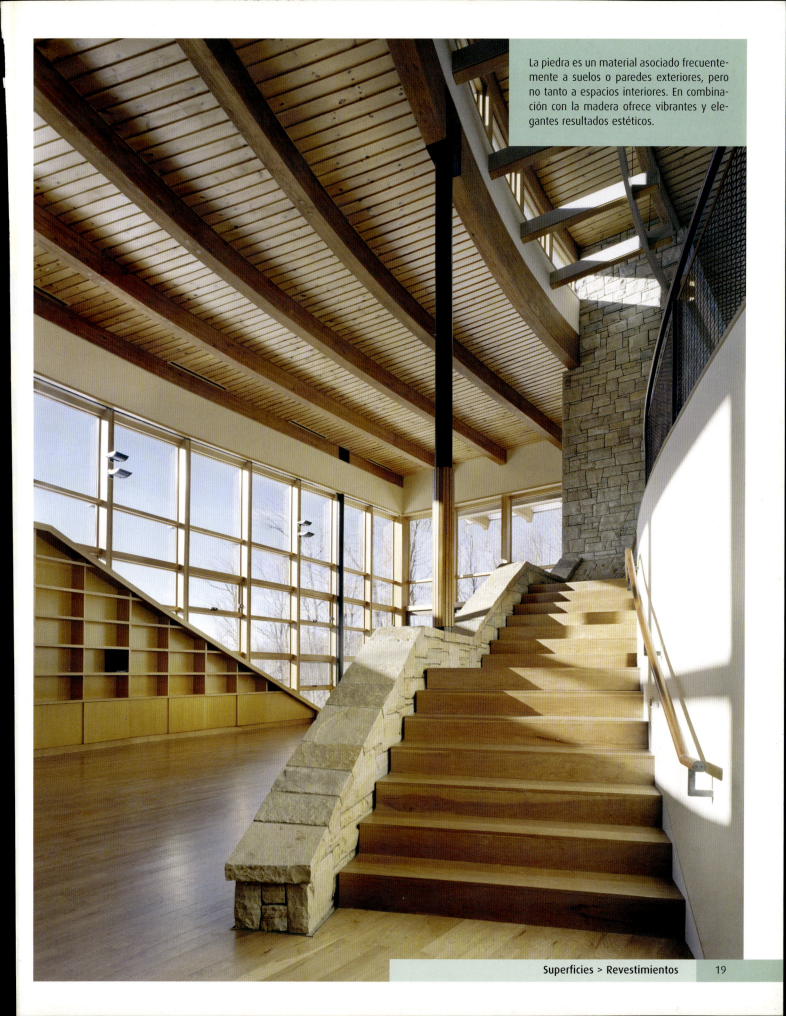

La piedra es un material asociado frecuentemente a suelos o paredes exteriores, pero no tanto a espacios interiores. En combinación con la madera ofrece vibrantes y elegantes resultados estéticos.

1 El azul es un color especialmente recomendado para viviendas rurales, situadas junto al mar o de inspiración rústica. En este ejemplo, el color azul de las paredes combina a la perfección con el suelo de piezas de barro cocido.

2 Los espacios abiertos y diáfanos típicos de los lofts urbanos tienen en la madera, el hierro y los materiales nobles a sus más firmes aliados.

3 Las paredes de pavés permiten separar visualmente las diferentes estancias de la vivienda sin impedir el paso de la luz.

4 Las cubiertas a dos aguas remiten automáticamente a casas de estilo tradicional. De ahí que el color blanco y los materiales naturales como la madera sean los más adecuados para su revestimiento.

5 Las estructuras formadas por láminas de un mismo material colocadas en paralelo, si dejan pasar la luz, provocarán interesantes efectos luminosos en el interior del espacio.

6 Los revestimentos de tela estampada con franjas verticales son típicas de los interiores de inspiración neoclásica.

7 Además de los revestimientos duros tradicionales, actualmente podemos encontrar en el mercado otro tipo de materiales poco utilizados como las superficies acolchadas o esponjosas forradas de tela.

8 Cornisas, molduras y rosetones obligan en la mayoría de los casos a optar por un estilo de decoración de inspiración clásica. De ahí el uso de papeles pintados con motivos decorativos florales.

9 Las maderas oscuras tienden a absorber la luz, por lo que sólo son adecuadas para espacios amplios, con abundante luz natural y sin obstáculos estructurales importantes que impidan el paso de ésta. La combinación del revestimiento del techo, a juego con el entarimado del suelo y con las vigas verticales, resulta tremendamente atractiva.

10 El acabado de gotelé muy rugoso con el que está revestida la pared casa a la perfección con el diseño entre rústico y austero de este dormitorio.

Superficies > Revestimientos

Si se cuenta con una vivienda bien iluminada, es posible optar por pintar una o varias paredes de colores llamativos u oscuros, como el rojo y el negro, para darle fuerza al espacio y reforzar el contraste entre el acabado brillante del suelo y la textura de aspecto industrial del techo.

Una pared interior de pizarra o de cualquier otra piedra oscura similar es, además de un elemento decorativo de primer orden, un perfecto lienzo para poder escribir o dibujar en él motivos decorativos. O, simplemente, la lista de la compra.

Las texturas lisas de los pavimentos tenderán a agrandar visualmente el espacio.

24　Espacios

1 Una pared interior sinuosa y de formas curvas puede ser la superficie perfecta para un revestimiento consistente en una fotografía de gran formato. El resultado es un interior de inspiración pop, casi kitsch.

2 El contraste visual se consigue, entre otros medios, combinando diferentes materiales, texturas y colores en los revestimientos de paredes, suelos y techos.

3 El zócalo de finas cañas de bambú de esta pared confiere a la estancia una atmósfera neocolonial.

4 El color inunda las paredes, el mobiliario y los detalles decorativos de esta cocina de clara inspiración pop. Para dar viveza a las paredes se optó por tonos llamativos de pintura acrílica.

5 Los tipos de piedra natural más utilizados para los revestimientos son la pizarra, el mármol envejecido o las areniscas. En el caso de esta vivienda se ha optado por dos piedras diferentes para el suelo y la pared, en la que se han empotrado el horno y el lavavajillas.

6 Para conferir a las paredes de los diferentes niveles de esta vivienda de cierto aire desgastado y rústico se han pintado de colores diferentes y se les ha dado un acabado jaspeado.

7 En este espacio se ha querido jugar con la estética neoclásica pintando de colores llamativos y dibujando en las paredes un arco y un falso pedestal que alberga la silueta de un busto de inspiración griega o romana.

8 Las estanterías de obra, las paredes de yeso y los pavimentos de piedra son típicos de las viviendas tradicionales mediterráneas. Han acabado popularizándose en viviendas de ambiente bohemio.

9 Los espectaculares mosaicos de las paredes son el principal atractivo de esta vivienda de clara inspiración mozárabe. Por su parte, las lámparas de estilo barroco producen caprichosos reflejos de luz en las paredes.

10 En esta vivienda se ha dejado que una mole de piedra "entre" en la vivienda y actúe como una pared más del cuarto de baño. Las losas de pizarra de la pared contigua y las del suelo han sido escogidas para no restar protagonismo, sino realzar, la pared de piedra.

PAVIMENTOS

Utilizar distintos materiales en el pavimento (madera, baldosas de cerámica, termoplásticos) puede ser una buena solución si se necesita romper visualmente zonas amplias.

Los pavimentos blandos incluyen materiales como la goma, el corcho, el caucho, la piel o el metal. Suelen utilizarse en interiores modernos a los que se quiere dar un toque vanguardista o rompedor.

Los pavimentos de materiales artificiales pueden imitar algunas de las características de los materiales naturales y resultan más baratos que éstos.

28 Espacios

1 Los pavimentos de apariencia granítica y colores neutros (el blanco, el negro y todas las tonalidades del gris) son fáciles de combinar y están especialmente indicados para interiores minimalistas.

2 El mármol es uno de los materiales más elegantes y resistentes que pueden utilizarse como pavimento. Se trata de una roca metamórfica cuyo principal atractivo radica en el fino acabado de su pulido.

3 Las losas de mármol con las que se ha revestido la pared han sido dispuestas de tal manera que la veta forme un rombo, lo que introduce un elemento dinámico que contrasta con la uniformidad del pavimento con el que se ha recubierto el suelo.

4 El pavimento de mosaico de teselas azules separa visualmente la zona de la ducha del resto de zonas del cuarto de baño. El pequeño canal que rodea la ducha sirve para desalojar fácilmente el agua acumulada.

5 Los pavimentos de colores oscuros suelen equilibrarse por medio de paredes de tonos claros.

6 Los entarimados de tablillas de madera resultan muy decorativos, aunque su dibujo marcará y condicionará en gran medida el ambiente de la estancia. Son pavimentos adecuados para interiores de estilo clásico.

7 Una variante del tradicional parqué son las baldosas realizadas con piezas de madera triangulares, generalmente de tonalidades distintas, lo que introduce un elemento dinámico en el suelo de la habitación. El dibujo resultante es más agresivo que el de las habituales tablillas rectangulares, y por eso resulta adecuado para interiores contemporáneos.

8 Los suelos de piedra son los más adecuados si se pretende construir algunos muebles de obra.

9 La frialdad de algunos suelos puede equilibrarse por medio de alfombras de colores cálidos.

10 Los suelos rígidos resultan más duraderos y resistentes que los flexibles, aunque son más difíciles de instalar.

Superficies > Pavimentos

Los pavimentos oscuros deberían reservarse para viviendas de gran tamaño, pues reducen visualmente el tamaño de la estancia en la que han sido instalados.

Los pavimentos de colores oscuros actúan como lienzos que resaltan aquellos elementos y muebles que se encuentran sobre él.

Los suelos enmoquetados son mucho más cálidos que los pavimentos rígidos, pero resultan mucho más difíciles de mantener y requieren una limpieza muy frecuente.

Superficies > Pavimentos

Los pavimentos de superficie tornasolada o de vetas pronunciadas dan sensación de movimiento y continuidad al espacio. Suelen ser de colores neutros, como el gris o el blanco.

Los suelos de piedra se comercializan en una gama prácticamente infinita de colores y acabados: mates, brillantes, rugosos...

> El pavimento reflectante de color hueso produce un efecto impactante al reflejar la luz, de la misma forma que lo hace la nieve, convirtiéndose así en un elemento decorativo que condiciona fuertemente el resto de la decoración.

La madera es un material natural que envejecerá y modificará su personalidad con el paso del tiempo. Requiere cuidados periódicos, aunque resulta mucho más cálida que los materiales artificiales o los fríos, como la piedra.

Si el pavimento es de un color perteneciente a la misma gama que el de las paredes y el techo, producirá un efecto de continuidad visual que hará que percibamos la estancia como un bloque compacto. En este caso, el material utilizado como pavimento imita el efecto del terrazo de grano fino.

Los suelos de pvc son los más baratos y suelen imitar a los materiales llamados "nobles": la piedra, el mármol...

36 Espacios

1 Una de las cualidades menos conocidas de la madera es su eficacia como amortiguador acústico.

2 El silestone es un material no poroso y muy resistente a las manchas. Sin embargo, su mantenimiento debe llevarse a cabo procurando evitar el uso de determinados productos de limpieza que pueden resultar abrasivos.

3 Los paneles deslizantes separan las diferentes zonas de esta vivienda prefabricada. La zona de la ducha ha sido pavimentada con guijarros pulidos, que se secan rápidamente y estimulan la circulación de la sangre en los pies.

4 Las moquetas forman parte del grupo de los revestimientos blandos. Se ofrecen en una gama gigantesca de tejidos, trenzados, colores y texturas.

5 Los suelos de barro cocido son porosos y por eso resulta conveniente sellarlos y limpiarlos a menudo con agua y detergente.

6 Los pavimentos de exteriores deben ser especialmente resistentes a la lluvia y las temperaturas extremas, de ahí que la piedra, pulida o no, sea uno de los materiales más utilizados en este tipo de espacios.

7 Un pavimento de losas de piedra de distintas texturas y colores resaltará la personalidad de una pared de piedra contigua, y aún más si se empotran en él focos que proyecten la luz hacia el techo.

8 El suelo es uno de los elementos que más influencia tendrán en la estética final de nuestra vivienda, y de ahí que debamos escogerlo habiendo pensado antes muy detenidamente qué es lo que esperamos de él.

9 Un pavimento de colores neutros es el adecuado cuando se quiere ceder todo el protagonismo a otro tipo de elementos. En el caso de la imagen, unos decorativos troncos de madera.

10 Los entarimados de madera, formados por láminas machihembradas por sus lados y extremos, suelen utilizarse en exteriores, aunque también pueden ser escogidos para interiores de influencia nórdica.

Los pavimentos elásticos resultan menos áridos visualmente que los duros, aunque suelen durar menos pues su desgaste es mucho mayor. Se instalan encolándolos sobre una capa niveladora.

Los suelos de pvc se desgastan muy rápidamente, y de ahí que tengan que ser frecuentemente reemplazados. A cambio, ofrecen una amplia gama de colores llamativos y acabados capaces de adaptarse a cualquier estilo decorativo.

La amplia gama de colores y dibujos disponibles para las baldosas cerámicas permite adoptar soluciones tan innovadoras como la del piso de la cocina de la imagen.

ESCALERAS

Los peldaños volados, aquellos que se anclan a la pared por uno de sus extremos sin ningún otro apoyo, son visualmente más ligeros que una escalera convencional, aunque resultan menos seguros al carecer de barandilla.

Las escaleras pueden funcionar también como elemento decorativo. Los peldaños metálicos sobre estructura de madera de esta imagen refuerzan la estética moderna de la vivienda.

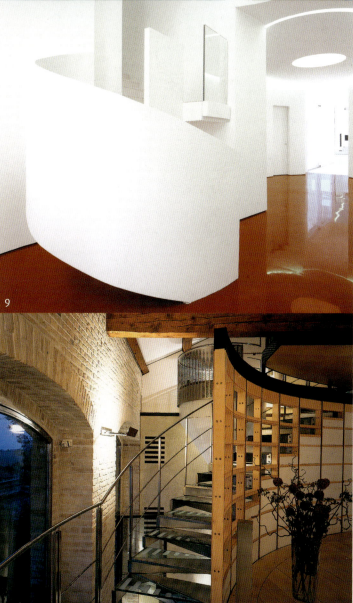

1 La escalera elíptica de la imagen, de formas sinuosas y caprichosas, confiere dinamismo al espacio. Sus peldaños volados reducen su peso visual y permiten que el observador aprecie su espectacular estructura.

2 La pesadez visual de esta escalera metálica se ha equilibrado pintándola del mismo color que la pared y también por medio de una barandilla formada por paneles de vidrio.

3 Las escaleras deben dejar una altura libre entre el suelo y el nivel superior de al menos dos metros. A esta distancia mínima se la denomina "altura libre".

4 Para resaltar la presencia de la escalera, entre otras muchas soluciones, se pueden revestir los peldaños con una moqueta de color (aquí morado). El efecto conseguido en este caso es cálido y muy llamativo.

5 Los azulejos ornamentados de acabado mate con los que se han revestido las contrahuellas de esta escalera son un elemento decorativo en sí mismos.

6 El impacto visual de esta escalera es mínimo. Los escalones parecen flotar en el aire.

7 Optar por una escalera de ida y vuelta (consistente en dos tramos rectos paralelos, sin ojo) o una escalera con rellano dependerá del espacio disponible, de la altura a salvar y de la distribución que hayamos realizado previamente del espacio.

8 Una original escalera colgada de peldaños volados conecta el piso inferior y el superior de este apartamento de estética minimalista. La escalera actúa asimismo como elemento decorativo por sí misma.

9 Esta escalera elíptica se confunde con las paredes que la rodean al haber sido pintada del mismo color que éstas. Es una solución adecuada cuando se quiere aligerar su peso visual.

10 El tabique curvo permite ver la estructura de la escalera, convirtiéndola así en un elemento decorativo más.

Elementos divisorios y unificadores > Escaleras

Las escaleras sin contrahuella dejan pasar la luz entre los peldaños, por lo que resultan más ligeras visualmente que las escaleras tradicionales. En este caso, el panel de madera que hace las veces de barandilla reduce la luminosidad ganada gracias a la ausencia de contrahuellas.

Las escaleras con una pendiente acusada deberían contar siempre con una barandilla o algún elemento similar que facilite la movilidad por ellas.

Las escaleras en forma de U dejan un ojo de tamaño suficiente en su base para la instalación de algunos muebles. En este caso se ha optado por colocar la cocina en ese hueco para aprovecharlo al máximo.

El cemento y los materiales metálicos tenderán a sugerir atmósferas industriales, como es el caso de esta escalera de dos tramos de ida y vuelta.

La contundencia visual de la escalera de tramo recto de la imagen contrasta con el minimalismo elegante de la decoración del salón de esta vivienda de estética vanguardista.

Las escaleras de caracol se estructuran en torno a un poste central o espigón. En este caso, los peldaños están sujetos en su extremo contrario al de anclaje con el espigón por medio de cables metálicos.

Las escaleras colgadas o de caracol con eje abierto resultan menos contundentes visualmente, más "amables" que las tradicionales escaleras de tramos rectos.

50 **Espacios**

1 Los peldaños volados de esta escalera permiten que la luz llegue hasta el nivel situado bajo ellos, que de otra manera disfrutaría de menos luz natural.

2 En la zona situada bajo esta escalera de peldaños volados se ha construido un banco de obra que alberga el reproductor de música.

3 La escalera metálica de estética industrial de esta galería de arte se apoya en un rellano cuadrado. El efecto visual es de una mayor contundencia.

4 Si la pared contigua a la escalera y las contrahuellas son del mismo color que la pared que las enmarca, y las huellas de un material diferente (en este caso de madera), el efecto visual será similar al de una escalera de peldaños volados.

5 Una barra metálica que recorre toda la barandilla actúa como asidero y a la vez como elemento decorativo.

6 El acabado jaspeado con el que se ha rematado la pintura de esta escalera le confiere un aire a medio camino entre la estética bohemia y la rústica.

7 Las escaleras de husillo, aquellas cuyos peldaños se despliegan en abanico en torno a un espigón central, son las que más espacio ahorran, y de ahí que suelan verse en viviendas de dimensiones reducidas.

8 En general, se considera que una pendiente por encima de 50° es incómoda y peligrosa, aunque las escaleras de barco tienen pendientes de entre 55° y 70°. La pendiente aconsejable es de entre 26° y 36°.

9 Las escaleras visualmente contundentes deberían equilibrarse con algún detalle decorativo cálido, como cuadros o plantas (a no ser que lo que se pretenda sea precisamente reforzar esa característica).

10 La pared de esta escalera, construida en cemento sin apoyos, deja en la estancia contigua un atractivo hueco que resulta muy rompedor visualmente.

Elementos divisorios y unificadores > Escaleras

PLATAFORMAS

Construir una plataforma en un espacio de techos altos permite ganar un segundo nivel para la vivienda. Si el suelo de la plataforma es de vidrio, permitirá además el paso de la luz desde el nivel superior al inferior (y viceversa).

Una forma de delimitar una zona independiente dentro de un espacio mayor es ubicar en ella una tarima. De esta manera evitamos la instalación de tabiques o paneles verticales separadores.

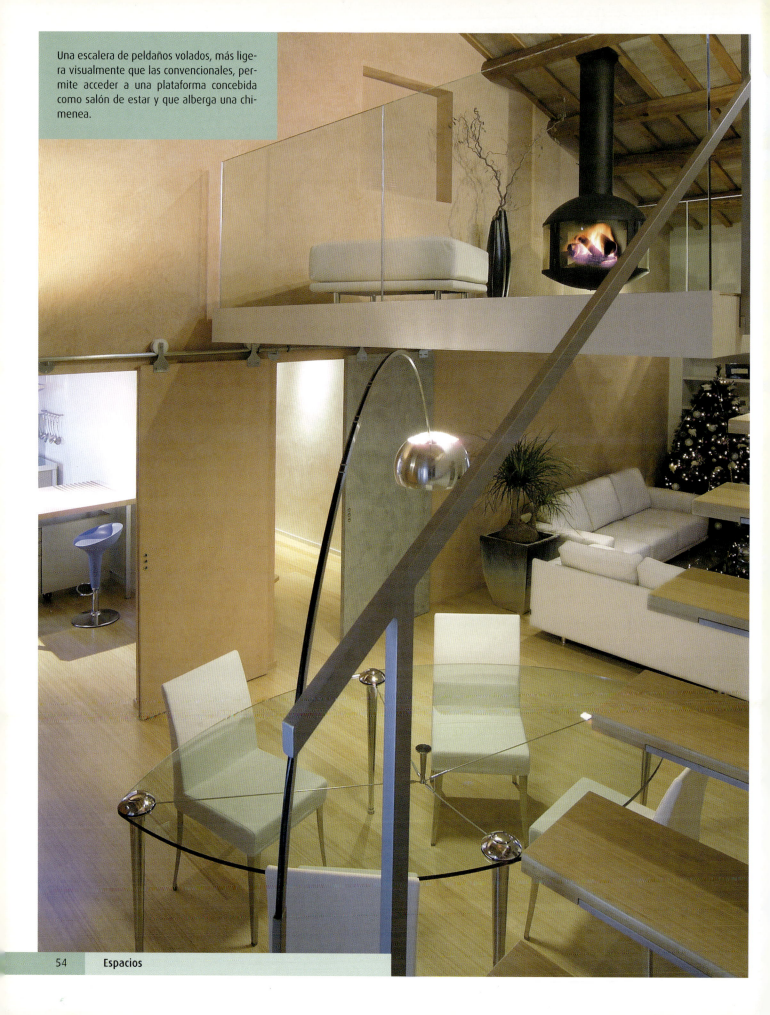

Una escalera de peldaños volados, más ligera visualmente que las convencionales, permite acceder a una plataforma concebida como salón de estar y que alberga una chimenea.

Para reducir el peso visual de una plataforma y aminorar la sensación de claustrofobia que puede provocar en el espacio situado bajo ella, se puede optar por una barandilla de balaustres metálicos y cables tensados del mismo material.

1 Las diferentes alturas en el piso de una vivienda pueden salvarse por medio de escalones. El recurso de los diferentes niveles constituye un modo de dividir eficazmente el espacio sin necesidad de tabiques.

2 Para mantener la fluidez y la coherencia de las líneas en una estancia de dos niveles optaremos por mesas cuya altura sea aproximadamente la misma que la del suelo del nivel superior.

3 En este caso se ha subrayado la separación entre el espacio interior y la plataforma exterior, situados a niveles distintos, por medio de una radical puesta en escena lumínica.

4 Una opción habitual en los dormitorios contemporáneos: colocar la cama de matrimonio sobre una tarima para hacerle ganar relevancia.

5 Para integrar muebles situados a diferentes alturas dentro de la misma estancia optaremos por un color, en este caso el naranja, que actúe como nexo de unión.

6 Las plataformas son habituales en los espacios al aire libre, y se conciben como extensiones de la vivienda al exterior. Los huecos entre plataformas se salvan mediante "puentes" y puede resultar buena idea colocar en ellas plantas decorativas.

7 Los distintos niveles de una misma estancia pueden integrarse o, al contrario, separse radicalmente por medio del uso de revestimientos diferenciados para la pared de ambos ambientes.

8 El desnivel entre el piso de la vivienda y la plataforma puede ser de pocos centímetros, como en este caso, de la misma altura que la de la mesa de comedor.

9 Unos cojines de diferentes tamaños han convertido esta plataforma exterior en una zona de descanso similar a un chill out.

10 El altillo de madera de esta casa descansa sobre el soporte de dos vigas de hierro y permite que de sus traviesas puedan colgares aparejos de cocina y una lámpara que ilumina el nivel inferior.

Elementos divisorios y unificadores > Plataformas

Muchas viviendas modernas han borrado la tradicional división entre primer y segundo nivel por medio de tarimas y plataformas, que se convierten así en "medios" niveles y que dividen el espacio sin necesidad de tabiques.

Para aprovechar la luz natural que entra por la alta pared de cristal de esta vivienda se ha construido una plataforma que alberga la zona de trabajo. Sin ella, este ámbito habría tenido que ser instalado en una parte peor iluminada de la vivienda.

VIGAS/COLUMNAS/PILARES

Las vigas no son únicamente elementos estructurales de la vivienda, sino que también pueden funcionar como elementos decorativos. Por ejemplo, pintándolas del mismo color que el techo o de un color diferente para resaltar su presencia.

En las viviendas con cubiertas holandesas (una variante de las cubiertas a dos aguas) suele dejarse la armadura a la vista. En este caso se han aprovechado los tirantes para instalar en ellos focos direccionales.

La acertada combinación de elementos modernos y antiguos (la armadura de madera envejecida naturalmente de la cubierta y los pilares, del mismo material) dota de una personalidad única a este comedor-salón de estar de grandes dimensiones.

1 Las vigas y los pilares de esta vivienda de diseño vanguardista han sido dejados a la vista, junto con las grapas que refuerzan su unión, como un elemento decorativo más.

2 En este caso la viga y el pilar en el que se apoya actúan decorativamente como marco de la estancia, dividiendo el espacio gracias al contraste entre el material del que están hechas, la madera envejecida, y el resto de materiales de la habitación.

3 Las viguetas de este espacio, que ya no soportan ninguna carga, han sido conservadas como elemento decorativo para equilibrar la frialdad de los materiales escogidos para los revestimientos de la casa.

4 El entramado de vigas y pilares de esta vivienda actúa como elemento decorativo por sí mismo.

5 Las columnas de esta estancia ayudan a conferirle simetría, un efecto reforzado por el simple hecho de haber situado la mesa de comedor en el centro de la habitación.

6 Las dos columnas metálicas que separan la zona de la cocina del salón son, junto con la viga que sostienen, el único elemento de su configuración original que conserva este apartamento. De esta forma se logra hacer de ellas apuestas decorativas de primer orden.

7 La mezcla de elementos de ruda personalidad rústica, como los pilares de madera de este salón, y otros totalmente contemporáneos es cada vez más habitual en las viviendas urbanas actuales.

8 Varias columnas situadas en fila ayudarán a dotar de profundidad visual al espacio.

9 La estética industrial de estos pilares, en los que se han dejado a la vista los enormes remaches a lo largo de su fuste, combina a la perfección con la fría paleta de colores de la estancia.

10 Los pilares suelen ser, desde el punto de vista decorativo, elementos extraños, aunque pueden actuar también como contrastes visuales poderosos que aporten dureza y personalidad a un espacio excesivamente blando.

Elementos divisorios y unificadores > Vigas/Columnas/Pilares

Pintar de color rojo el pilar en cruz de la imagen permite ver rápidamente los espacios y niveles en los que está dividida la casa. La pared actúa así como elemento delimitador visual.

Los pilares de ladrillo unidos en arco a través del techo han sobrevivido a la restauración del espacio, convirtiéndose así en el centro de atención visual del mismo.

Esta estructura de traviesas de madera de aspecto rústico forma una pieza casi escultórica que ayuda a separar el espacio de la bañera del resto del cuarto de baño.

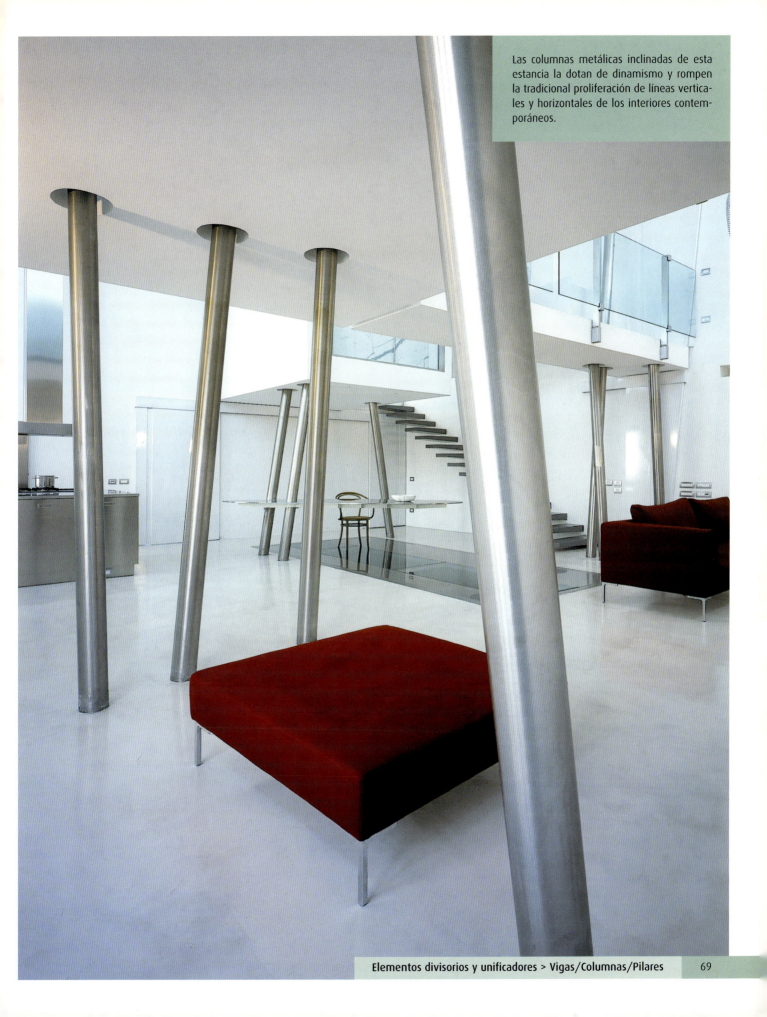

Las columnas metálicas inclinadas de esta estancia la dotan de dinamismo y rompen la tradicional proliferación de líneas verticales y horizontales de los interiores contemporáneos.

PANELES

Un panel de madera separa el comedor de la zona acondicionada como salón de estar. Al alcanzar sólo la altura de la vista, no obstaculiza el paso de la luz y adquiere menos relevancia que un tabique convencional.

Este panel de un llamativo bermellón actúa como eje divisor de varios espacios de la casa. Un foco empotrado en su parte inferior ilumina la zona adyacente y pone de relieve su presencia.

Dos láminas de metacrilato translúcido grabado que cuelgan de pinzas desde la plataforma del nivel superior actúan como divisores del espacio. Sin embargo, dejan pasar la luz y funcionan también como elementos decorativos.

Tres paneles de vidrio translúcido ocultan a la vista el vestidor del dormitorio. Su presencia pasa prácticamente desapercibida al confundirse con los tonos neutros escogidos para la decoración del dormitorio.

1 Un panel sobre ruedas nos permitirá dividir el espacio a voluntad en función de nuestras necesidades.

2 Los paneles divisorios transparentes adquirirán una personalidad etérea si son iluminados desde abajo hacia arriba por medio de focos direccionales empotrados en el suelo.

3 El vidrio al ácido es uno de los materiales más utilizados para la fabricación de paneles divisorios translúcidos.

4 La superficie reflectante de este tabique divisorio interior amplía visualmente la superficie del dormitorio. Su tono azulado aporta un llamativo detalle decorativo a la estancia.

5 Este panel actúa como barandilla del nivel superior, en el que se ha instalado el dormitorio principal de la vivienda. La rendija permite el paso de la luz y ver lo que ocurre en el nivel inferior desde la cama.

6 Un panel de cantos irregulares como el de la imagen aportará dinamismo y un toque orgánico a la habitación en la que se encuentre.

7 En este panel de metacrilato de color verdoso se ha incrustado un televisor sobre un eje pivotante que permite girarlo para que pueda ser visto desde cualquiera de las dos estancias.

8 Un panel decorativo puede ser el espacio ideal para una obra de arte o una pintura de gran formato que dé personalidad a la estancia.

9 Las láminas de vinilo suelen ser una de las opciones recurrentes a la hora de decorar paneles separadores.

10 Un discreto y pequeño biombo de forma caprichosa actúa como divisor del espacio y se convierte por sí solo en un elemento decorativo más, casi una escultura.

Elementos divisorios y unificadores > Paneles

La luz roja se filtra a través de las láminas del panel curvado de la imagen, convirtiéndose en el foco visual de la vivienda. El efecto final es casi futurista.

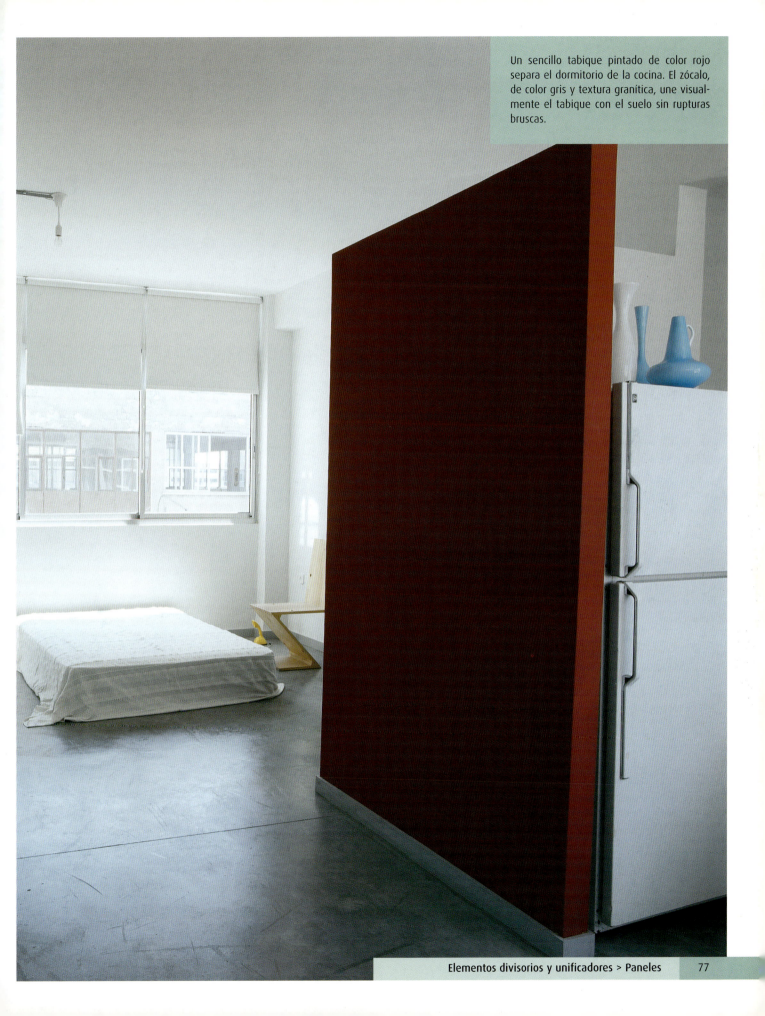

Un sencillo tabique pintado de color rojo separa el dormitorio de la cocina. El zócalo, de color gris y textura granítica, une visualmente el tabique con el suelo sin rupturas bruscas.

Elementos divisorios y unificadores > Paneles

Los tabiques o paneles móviles permiten modificar a voluntad el tamaño y la distribución de las estancias de una vivienda simplemente desplazándolos de un lado a otro cuando sea necesario.

Este tabique se inspira en las tradicionales paredes reticulares de madera y papel de arroz de las casas tradicionales japonesas. Su forma curvada genera una sensación visual de movimiento.

1 Al dejar libre el espacio existente entre su borde superior y el techo, estos tabiques separadores dejan respirar visualmente la estancia. Los tabiques separan el dormitorio del cuarto de baño.

2 El dormitorio de este apartamento está separado del resto de las estancias por medio de paneles móviles de conglomerado blanco por un lado y por paneles de vidrio esmerilado por otro.

3 En este caso, el panel actúa como cabecera de la cama y como separador: tras él se sitúa el vestidor de la pareja propietaria.

4 Un biombo de tonos azulados, pintado como si se tratara de estuco veneciano, se convertirá en un elemento decorativo más de la casa.

5 Una original forma de integrar el garaje en la vivienda: instalando un tabique de vidrio que permita ver el coche desde el comedor. Una solución arriesgada pero visualmente muy llamativa.

6 Los colores llamativos, como el rojo, harán que la atención visual se centre en el panel o en el tabique separador en vez de en los elementos que lo rodean.

7 Dos paneles de vidrio translúcido instalados sobre barras metálicas permiten ocultar el televisor cuando éste no se está viendo.

8 Las barreras entre tabique separador y ventana se rompen en el caso de este panel que separa el comedor del salón de estar de esta vivienda de estilo contemporáneo. Al ir dotado del cristal actúa casi como un gran marco que encuadra la estancia contigua.

9 Cuatro láminas de madera colgadas de una guía mediante pinzas actúan como separadores del espacio, pero resultan menos contundentes e invasivas visualmente que un tabique convencional.

10 Los tabiques separadores para la zona de aguas del cuarto de baño han de ser de un material resistente a la humedad y a las altas temperaturas.

Elementos divisorios y unificadores > Paneles

Al elevarse unos centímetros sobre el suelo, este panel de vidrio translúcido resulta menos pesado visualmente que un tabique convencional.

> Un panel separador puede funcionar también como perchero o como repisa para cuadros u otros objetos decorativos. De esta manera se integrará más fácilmente en su entorno y pasará mucho más desapercibido.

PUERTAS

La pared de cristal que alberga esta puerta, también de cristal, permite el paso de la luz y aligera visualmente el tabique en el que se encuentran.

Las puertas correderas permiten ahorrar espacio, especialmente si tienen cámara, es decir, si se ocultan en un hueco de la pared. Pueden ser curvas para adaptarse así a la forma de la pared o la estructura que las alberga.

Las puertas con paneles de papel, de vidrio o de cualquier otro material resultan más ligeras visualmente que las macizas de madera.

La puerta corredera de esta estancia cuenta con un marco de madera, lo que refuerza la sensación de continuidad visual con respecto al techo y el suelo de la habitación. La puerta se desliza sobre un tabique de vidrio que actúa como hoja inactiva.

A medio camino entre una puerta corredera y un tabique móvil: una solución como la de la imagen permite separar espacios o conectarlos a voluntad en función de las necesidades del momento.

En las viviendas de estilo clásico, el marco o arquitrabe de las puertas suele decorarse con molduras o grabarse en relieve con motivos ornamentales grecorromanos, al igual que los frontones.

Las puertas con molduras requieren unos cuidados de limpieza más complejos que las puertas lisas.

Este panel corredero de color rojizo sirve de puerta simultáneamente a dos espacios diferentes: cuando uno está abierto, el otro está cerrado y viceversa.

Una puerta giratoria simple que bascule sobre un pivote central permitirá una circulación más fluida entre las dos habitaciones. Visualmente, parecerá que los dos espacios se han separado por medio de un tabique móvil en vez de por una puerta convencional.

Las puertas de lamas, aquellas con el paño formado por láminas de madera o cualquier otro material, permiten la circulación del aire pero no la de la luz, a no ser que las lamas estén montadas de manera que quede un pequeño espacio entre ellas.

La combinación de verde caqui y el color de la madera proporcionará a la estancia una atmósfera bohemia y relajada.

1 Una solución original para una puerta en forma de trapecio: tres hojas, dos basculantes activas y una inactiva, de forma triangular, que encajan entre ellas. La hoja central ha sido colocada al revés, es decir que tiene la forma de un triángulo invertido.

2 Las puertas de cristal insertas en tabiques del mismo material suelen contar con baquetillas (elementos de madera o metal que actúan como marco para las hojas de cristal que la forman) para reforzar su presencia y evitar que pase desapercibida.

3 Una puerta panelada permite crear un armario allí donde no lo hay, aprovechando un extremo muerto de la habitación.

4 Las puertas de papel y baquetillas reticulares de madera típicas de las viviendas tradicionales japonesas han sido adoptadas por los diseñadores occidentales, que las han empezado a utilizar en sus proyectos.

5 El cristal anaranjado de la puerta de este dormitorio actúa como contrapunto del tono azulado de la ventana.

6 La carpintería metálica resulta bastante más económica que la de madera y es la más adecuada para decorar interiores de estilo contemporáneo.

7 Una opción contundente para un ambiente moderno: una puerta corredera metálica con una franja o tablero central dorado decorativo.

8 Aprovechar toda la luz disponible puede requerir de un tabique de cristal como el de la imagen que albergue una puerta, obviamente también de cristal.

9 El impacto visual de estas puertas correderas resulta prácticamente nulo gracias a su color blanco, que las integra en la pared que las alberga.

10 Pintar las puertas de colores llamativos es una opción decorativa atrevida pero válida si, por ejemplo, pretendemos mezclar materiales de colores y estéticas muy diferentes.

Esta puerta corredera monta sobre el tabique anexo. Que ambos sean del mismo color, blanco, permite disimular la presencia de la puerta cuando está "abierta".

Existen en el mercado tiradores de todo tipo, capaces de adecuarse a prácticamente cualquier estilo decorativo. A la hora de optar por uno u otro hay que tener en cuenta que el tirador determina en buena parte la estética de la puerta.

Dos focos empotrados en el techo permitirán no sólo iluminar la zona de la puerta sino jugar con distintos efectos luminosos si ésta es de cristal. Por ejemplo, instalando bombillas de colores.

Unas bisagras y unos tiradores de gran tamaño refuerzan la imponente presencia de esta puerta de madera doble. Es una opción sólo recomendable para espacios de gran tamaño y estética ruda.

Los elementos con una poderosa personalidad atraerán mucha atención, pero restarán protagonismo a todo lo que los rodee.

El diseño del original sistema de cierre de esta puerta corredera y del tirador, junto con la estética industrial de los paneles con los que se han revestido las paredes, hace que el conjunto se asemeje a una caja fuerte.

Elementos divisorios y unificadores > Puertas

Para disimular su presencia y restarle peso visual al conjunto, esta puerta corredera ha sido pintada de un tono contiguo en la escala cromática al de las paredes.

Al pintar de rojo la pared, el marco de la puerta y la puerta se ha aumentado visualmente el tamaño del conjunto. El rojo es un color progresivo que provoca sensación de "acercamiento" cuando se utiliza en superficies de gran tamaño.

PERSIANAS/CORTINAS

Las contraventanas interiores de esta casa se abren abatiéndolas hacia al techo, al que quedan sujetas por medio de un sistema de anclaje. Sus láminas de madera, que dejan pasar entre sí un fino rayo de luz, las emparentan estéticamente con las persianas venecianas.

Los estores que podemos ver en la imagen cuelgan por delante de la barandilla del pequeño balcón, con lo que retienen parte del calor, que no llega a penetrar en el interior de la vivienda, y permiten tamizar la luz que entra por la ventana.

Las persianas venecianas están formadas por láminas de metal, madera o tela cuya inclinación generalmente se puede regular para controlar la luminosidad de la estancia.

Las persianas enrollables están disponibles en todo tipo de alturas y anchuras, por lo que resultan adecuadas tanto para ventanas como para puertas de vidrio.

Las persianas de láminas de este salón de estar permiten regular la cantidad de luz que entra por las ventanas pero también ver lo que ocurre en el exterior, por lo que no resultan estéticamente intrusivas o claustrofóbicas.

Las persianas a medida resultan generalmente más caras que las de medidas estándar, aunque su adaptabilidad las hace adecuadas para todo tipo de estilos decorativos.

Las persianas de láminas o venecianas pueden instalarse tanto por dentro como por fuera de la ventana. Si se instalan por fuera retendrán parte del calor y mantendrán el interior más fresco.

1. Los estores se confeccionan con cualquier tipo de tela imaginable, por lo que resultan muy adecuados para todo género de interiores.

2. Las cortinas pueden actuar perfectamente como paredes divisorias de distintos espacios dentro de una misma estancia.

3. Las persianas de láminas gruesas resultan estéticamente más contundentes que las de láminas finas, por lo que su peso visual será mayor.

4. Las persianas interiores contribuyen a dividir espacios o a conectarlos en función de si están desplegadas o recogidas.

5. Esta cortina actúa como pantalla para el proyector situado frente a ella. Una solución original que dinamiza el espacio.

6. Cuanto más oscura sea una cortina, menos luz entrará en la estancia a través de ella, aunque el grosor de la tela y su nivel de transparencia también influirán en ello.

7. Las cortinas que caen hasta el suelo, en vez de quedar unos centímetros por encima de él, dotarán al espacio de una atmósfera bohemia y relajada.

8. En este caso, el hecho de colgar la cortina a una altura convencional, pese a que la ventana es mucho más baja de lo normal, ayuda a dar sensación de amplitud.

9. Las cortinas deslizantes permiten regular a voluntad el paso de la luz, que obviamente no es el mismo a todas horas del día.

10. Las cortinas y las persianas de color blanco dotarán de pureza al espacio y harán que cualquier elemento de color destaque mucho más.

Elementos divisorios y unificadores > Persianas/Cortinas

Las cortinas son una alternativa original y espectacular a los divisores tradicionales (tabiques, paneles, pavimentos, muebles tradicionales). En el caso de este loft, las cortinas enmarcan el espacio dedicado al comedor.

Los remates, volantes y la caída de las diferentes telas deben ser tenidos en cuenta a la hora de optar por una u otra cortina. Las telas translúcidas dejan pasar la luz y confieren un aire exótico y de misterio a la atmósfera de la habitación en la que se encuentran.

El color de las cortinas puede pertenecer a la misma gama que el del mobiliario o los revestimientos, o introducir un elemento de contraste. Éste es un ejemplo de monocromía.

Los doseles permiten jugar con telas, colores y distintos efectos decorativos. En este caso se ha optado por una sencilla barra de la que cuelga una tela blanca drapeada.

Las cortinas no siempre se descorren hacia un lado. Algunos modelos se repliegan sobre sí mismos, en vertical, imitando las arrugas que forman los pétalos de una flor.

Los estores replegables son cómodos y cuentan con la ventaja de que, una vez recogidos, despejan el espacio situado a su derecha e izquierda, a diferencia de lo que ocurre con las cortinas de desplazamiento lateral.

> Algunas telas tienen el mínimo grosor necesario para dejar pasar la luz al mismo tiempo que preservan la intimidad del espacio en el que se encuentran.

Las telas de fibras naturales, como el algodón, la seda o el lino, son más apreciadas y generalmente más caras que las sintéticas (acrílico, nailon). A medio camino se sitúan las telas de fibras artificiales, que son en realidad fibras naturales tratadas químicamente.

La elección de la tela de una cortina o de unos cojines suele depender en buena parte de la cantidad de luz disponible. En este caso se ha optado por la misma tela para las cortinas y los cojines de la cama, lo que dota de unidad estética a la habitación.

Una alternativa al típico dosel puede ser una tela translúcida que cuelgue en diagonal sobre la cama desde una barra situada a uno de los dos lados de ésta.

Los estores enrollables permiten regular la intensidad de la luz que entra en la estancia para producir diferentes efectos lumínicos.

La caída sinuosa de la tela de la cortina de esta habitación infantil es una réplica casi perfecta de la puerta de formas onduladas del armario empotrado.

Elementos divisorios y unificadores > Persianas/Cortinas

Las barras de las cortinas pueden curvarse para cubrir rincones muertos. En el caso de esta habitación, la barra curva sirve para que al replegar la cortina la ventana quede completamente despejada, sin que ni un solo centímetro de tela obstaculice el paso de la luz.

Los estores enrollables de esta estancia permiten regular la luz natural procedente del jardín exterior para producir así un dramático efecto de contrastes en el interior de la vivienda.

ESPACIOS UNITARIOS/COCINAS DE PLANTA ABIERTA

Un mueble de madera que haga las veces de mesa de comedor y de espacio de trabajo de la cocina, y que además albergue los fogones y el fregadero, puede ayudar a ahorrar un espacio precioso en los lofts de pequeño tamaño.

En el caso de este loft, dada la ausencia de tabiques o elementos separadores, se ha optado por alternar el blanco y el negro para diferenciar las distintas zonas en las que se divide el espacio: la cocina es blanca, la mesa de comedor negra, los sofás de la sala de estar blancos...

Para diferenciar las distintas zonas en las que se divide un espacio unitario puede recurrirse a los colores, a los materiales o a sutiles detalles como rebajar el techo unos centímetros, como en este caso, para marcar los límites de la cocina y, de paso, albergar los focos empotrados que la iluminan.

La combinación de focos empotrados tanto en el techo como en el suelo conferirá teatralidad al espacio al hacer que los haces luminosos choquen a media altura y produzcan reflejos caprichosos en las superficies de las paredes o el mobiliario.

Las superficies blancas darán sensación de amplitud y harán que los límites se difuminen. Además, funcionarán como lienzo sobre el que cualquier detalle decorativo o de mobiliario resaltará, reforzando su presencia.

La barra y las dos lámparas colgantes situadas sobre ella separan la zona de la cocina y el comedor del salón de estar de este apartamento. El color negro de la pared, sin embargo, los unifica visualmente.

1 Para iluminar los espacios excesivamente alargados o en forma de pasillo es conveniente optar por raíles electrificados colocados transversalmente.

2 En esta vivienda la altura de los techos ha permitido separar la zona del salón de estar de la de la cocina y el comedor elevándola cerca de medio metro por encima de éstos, como si se situara sobre una tarima o un escenario.

3 Conviene no situar los muebles del comedor demasiado cerca del área de trabajo de la cocina con el fin de evitar manchas y de tener el mayor espacio disponible para trabajar con comodidad.

4 Una isla de trabajo cuadrada en la cocina permitirá que nos movamos a su alrededor cómodamente, con lo que aprovecharemos mucho mejor el espacio disponible y evitaremos ángulos muertos inútiles. Estéticamente, se trata de una solución vanguardista.

5 En las cocinas alargadas en las que no sea posible disponer el mobiliario en forma de U o de L (lo más habitual) se deberá optar por una disposición en paralelo, dejando un espacio o pasillo central libre lo suficientemente ancho como para poder trabajar cómodamente.

6 En los espacios unitarios, la cocina debe situarse lo más lejos posible del dormitorio.

7 En la cocina, las tomas de corriente deben situarse tan cerca del área de trabajo como sea posible. En este apartamento, el cocinero puede tener contacto visual con la zona de estar junto al televisor.

8 Una estancia bien iluminada permitirá la elección de materiales oscuros para las encimeras. En este caso, la isla y el mueble que alberga la vitrocerámica son prácticamente idénticos para unificar el espacio de la cocina, abierta a la estancia principal del loft más allá del tabique forrado con mármol.

9 Este mueble lacado en rojo, inspirado en las típicas navajas suizas, alberga la mayoría de comodidades imprescindibles en un apartamento: los fogones, el fregadero, los electrodomésticos básicos, espacio de almacenamiento suficiente...

10 Esta cocina abierta a la sala de estar aprovecha a la perfección el espacio imposible junto al hueco de la escalera.

Una cocina empotrada permite ahorrar un espacio útil precioso y despeja el área central ganando espacio para los demás elementos dispuestos en la estancia.

El suelo de madera de esta vivienda unifica visualmente el espacio de la cocina y el dedicado a comedor y salón de estar, mientras que la isla y los diferentes materiales con los que se han revestido las paredes actúan como separadores.

En este loft de estética industrial se ha optado por la madera para el mobiliario de la cocina para compensar la dureza visual de las vigas y la escalera metálica que podemos ver al fondo de la estancia.

Combinar dos o tres tipos de madera distintos no tiene por qué resultar una mala idea, siempre y cuando esa elección tenga un objetivo claro: en este caso, separar visualmente la cocina del comedor y reforzar esa separación mediante la barra de madera oscura, la misma utilizada para el mobiliario de la cocina.

Las claraboyas o ventanas de linterna, situadas a gran altura, muy cerca del techo, permiten aprovechar la luz de los espacios adyacentes en aquellas zonas de la vivienda que no disfruten de una buena iluminación natural.

Utilizar el mismo material, en este caso la madera, para revestir las paredes, el suelo y el techo con el objetivo de unificar visualmente el volumen de la estancia, obliga a optar por una iluminación y un mobiliario no agresivo que ceda todo el protagonismo estético al revestimiento.

COCINAS ISLA

Las islas permiten trabajar con mayor comodidad y más libertad de movimientos y nos evitan tener que cocinar de cara a la pared. Sin embargo, no resultan recomendables en cocinas pequeñas o mal iluminadas.

El tablero de esta isla sirve también, gracias a su longitud, como mesa de comedor. La distancia entre cocina y mesa queda reducida de esta manera al mínimo.

El mueble bajo la encimera de la isla suele ser cerrado, aunque en algunos casos, como el de esta isla de madera blanca, son abiertos. Cuando esto ocurre, suelen funcionar como elementos decorativos.

Las islas requieren de una iluminación uniforme que no deje zonas oscuras en la superficie de la encimera. Dos luminarias situadas simétricamente proporcionarán ese tipo de luz.

> La campana extractora de humos de la isla debe tener una gran potencia, sobre todo en el caso de que el techo sea alto, y estar situada a una altura suficiente por encima de la encimera para evitar golpes. Generalmente se recomienda una distancia mínima entre encimera y campana de 75 centímetros.

Esta original isla en forma de semiesfera despliega los cajones del mueble como si se tratara de los pétalos de una flor. Una barra ancla la isla al techo de la habitación.

El diseño de esta original campana extractora en forma de tubo combina a la perfección con la estética fría, industrial y vanguardista de la isla a la que acompaña.

Las islas no tienen armarios encima de ellas, con lo que resultan más cómodas para el usuario. Además, éste puede moverse libremente a su alrededor, con lo que se aprovecha todo el espacio útil de la encimera.

Las islas albergan generalmente los fogones, el fregadero y un espacio más o menos grande de trabajo. En este caso, la zona de fuegos se ha situado en la parte más próxima a la mesa auxiliar que podemos ver al fondo de la imagen.

Las penínsulas, perpendiculares a la pared en la que se apoyan, pueden albergar los mismos elementos que una isla o funcionar como barra y mesa de comidas rápidas, además de como área de trabajo de la cocina y, evidentemente, como elemento separador.

1 Concentrar el fregadero y la zona de fogones en uno de los lados de la isla permite dejar el resto del espacio libre para que funcione como mesa de comedor o área de trabajo.

2 El hecho de colocar la isla en diagonal con respecto al resto de elementos de mobiliario de este espacio unitario hace que las distintas zonas no estén tan delimitadas como lo estarían de haberla colocado en paralelo o transversalmente, lo que rompe la monotonía.

3 En general, los fogones deben situarse en la parte de la isla más cercana a la nevera y el fregadero, en la zona más próxima a los armarios en los que se guarden los platos y la batería de cocina.

4 El área de trabajo de la cocina ha de contar con una iluminación potente y uniforme que evite zonas oscuras.

5 Las cocinas en forma de U son las más adecuadas, siempre que dispongan de espacio suficiente, para albergar una isla. De esta manera reducimos al máximo los desplazamientos por la cocina.

6 En este caso se ha ocultado la zona del fregadero, en la que suelen acumularse platos, elementos de la batería de cocina y cubiertos sucios, mediante unas macetas en las que pueden plantarse menta, albahaca, perejil y otras hierbas útiles para la cocina.

7 El atractivo de esta cocina isla reside en la uniformidad de la madera y en la interesante apuesta de poder encajar los bancos en su interior.

8 Un parapeto de vidrio translúcido delimita la zona de trabajo de esta isla para evitar manchas en el espacio que la rodea.

9 Optar por unos contundentes tacos de madera en vez de por los más convencionales taburetes ha dotado a esta cocina de una fuerza de la que carecía.

10 El revestimiento en contrachapado de madera oscura convierte a la isla de esta cocina en el elemento discordante del diseño, un muy recomendable foco de variación cromática.

COCINAS BARRA

El volumen de la cocina, de un elegante color negro metalizado, se conecta con el resto de la vivienda por medio de una ventana de gran tamaño abierta en la estructura y en la que se han empotrado varios focos.

Un tabique de media altura separa la zona de la cocina del resto de las zonas del espacio y oculta los fogones y el área de trabajo al situarse ligeramente por encima de su altura.

La iluminación matizada e indirecta de este espacio le confiere calidez. Los focos del suelo resaltan los bordes de los muebles y les dotan de una atmósfera teatral, mientras que los del techo los iluminan.

> El espacio de trabajo de una cocina suele ser más alto que una mesa de comedor, de ahí que los taburetes sean una buena solución que nos permite integrar ambos en un solo mueble.

El acabado tornasolado de la plancha metálica que separa el comedor de la cocina crea sensación de movimiento y contrasta poderosamente con el ladrillo visto de la pared sobre la que se apoya.

Esta cocina, a medio camino entre la isla y la barra, está unida a un tabique muy estrecho por uno de sus extremos. Una solución así resulta muy recomendable si no se quiere separar del todo la cocina del salón.

Una cocina abierta como la de esta vivienda permite que la luz que entra por sus ventanas llegue hasta el centro del comedor y el salón de estar.

Una barra con ruedas puede ser trasladada fácilmente a diferentes zonas de la cocina o el comedor, ampliando o empequeñeciendo estos espacios a voluntad en función de nuestras necesidades del momento.

Los materiales definen las distintas zonas de este espacio: un tipo de madera, más oscura, para el comedor y la mesa, y otro distinto, más claro, para la encimera de la barra.

Un original sistema de módulos que encajan como si se tratara de un juego de arquitectura infantil permite disponer de una mesa o barra auxiliar y un banco en el que sentarse.

DETALLES

Los materiales metálicos como el aluminio resultan adecuados para cocinas y cuartos de baño por su dureza y resistencia, pero pueden resultar fríos. De ahí la necesidad de equilibrarlos con detalles decorativos o materiales cálidos, como la madera.

Los hornos empotrados ahorran espacio. Situados a la altura de la vista resultan mucho más fáciles de limpiar.

Un panel de plástico resulta adecuado para la zona de trabajo de la cocina por su resistencia y facilidad de limpieza. Además, puede actuar como elemento decorativo gracias a su llamativo color.

1 Los tiradores de los cajones de este mueble de cocina son prácticamente imperceptibles. Su superficie blanca da la sensación de prolongarse ininterrumpidamente, consiguiendo una aspecto muy estilizado.

2 Las opciones decorativas radicales, como la de esta cocina, deben llevarse hasta el último extremo o corren el riesgo de quedarse a medio camino. En este caso, el colorido llega hasta la nevera y el sistema de aire acondicionado.

3 Las cocinas empotradas en un mueble tienen la ventaja de que pueden ocultarse simplemente cerrando una puerta o persiana.

4 El color gris oscuro con el que se han pintado la encimera, la pared y las estanterías de esta cocina subraya el efecto "empotrado" o de profundidad que tienen en la configuración de la estancia.

5 Un revestimiento de paneles de un color completamente diferente contribuirá a diferenciar de forma radical el espacio de la cocina cuando está integrada dentro de otra estancia.

6 Los utensilios de cocina pueden llegar a convertirse en un elemento decorativo más si se dejan a la vista. Esta solución, además, tiene la ventaja de que nos permite disponer de ellos de inmediato sin tener que rebuscar en cajones o armarios.

7 El extractor de humos no tiene por qué ser una estructura de gran tamaño. En esta cocina se ha optado por un tubo de diámetro medio, una solución estéticamente menos agresiva que la tradicional campana extractora.

8 El estilo escandinavo evita la frialdad de los interiores contemporáneos minimalistas optando por la madera, generalmente de tonalidades claras. Su principal característica es su funcionalidad.

9 Detalles decorativos como el de esta mesa conferirán alegría y romperán la barrera que separa los estilos clásicos (provenzal, rústico) de los estilos más coloristas (pop, fusión).

10 Cubrir con espejos los armarios altos de una cocina puede ser una buena solución para cuando conviene aumentar la sensación de amplitud de la estancia.

Cocinas > Detalles

Los muebles-cocina que integran todas las utilidades necesarias son cómodos y muy prácticos. Además, distorsionan poco el estilo decorativo escogido para el resto de las zonas o estancias de la vivienda.

La combinación de materiales y texturas de esta cocina no es más que un truco visual para conferirle dinamismo y evitar el aburrimiento de los interiores monocromáticos o excesivamente sobrios.

Los estantes abiertos en los que se guarda la vajilla resultan más cómodos, pero permiten que el polvo se aposente mucho más fácilmente sobre los objetos.

Un discreto panel corredero que se desliza sobre guías permite ocultar esta cocina a la vista en los momentos en los que no está siendo utilizada para obtener un espacio diáfano.

Las cocinas minimalistas como la de la imagen tienen un impacto mínimo y resultan adecuadas para apartamentos urbanos en los que sólo vive una persona.

Un mueble integrado puede albergar la cocina y al mismo tiempo el equipo de música o estanterías en las que colocar distintos elementos decorativos.

Cocinas > Detalles

1 Los huecos cuadrados en la pared de esta cocina hacen las veces de estanterías para los aparejos de cocina. Los distintos utensilios pueden lucir magníficamente como elementos decorativos.

2 La configuración en forma de L es una de las más habituales en las cocinas. En este caso se ha optado por la simetría en el mobiliario para proporcionarle ritmo a la estancia.

3 Las barras o penínsulas facilitan el traslado de la vajilla o la comida desde la cocina hasta el comedor.

4 Los muebles modulares, como el que contiene el horno y los fuegos en esta imagen, pueden ser movidos y reubicados desde un rincón de la cocina a otro sin problemas y en función de nuestras necesidades.

5 Dejar a la vista la vajilla, optando por prescindir de las puertas que cierran los armarios o cajones de almacenamiento, es una opción estética moderna y cómoda.

6 Forrar la pared contigua a la encimera con su misma superficie metálica brindará interesantes reflejos si se ilumina correctamente.

7 Los colores verdosos en combinación con materiales naturales como la piedra confieren calma a una estancia, a la que dotan además de una atmósfera limpia y fresca.

8 Escoger elementos con acabados metálicos como el horno y el taburete de la imagen es una opción que combina maravillosamente con las cocinas en las que se ha optado por revestimientos de cemento oscuro.

9 Las paredes de ladrillo visto resultan visualmente espectaculares pero son oscuras, por lo que resulta conveniente compensar esa desventaja con una buena iluminación. La pared de pavés del fondo permite aprovechar al máximo la luz natural disponible procedente de la estancia adyacente.

10 La combinación de madera y aluminio o acero inoxidable es una opción válida para aquellos que han optado por un estilo decorativo tradicional o rústico pero que no quieren prescindir de las comodidades de los materiales más modernos.

Cocinas > Detalles

Abarrotar el espacio de elementos puede llegar a saturar, por lo que resulta conveniente descargarlo de peso visual haciendo que la atención se centre en otro tipo de detalles, como el revestimiento de las paredes, del suelo o las molduras del techo.

Las cocinas con módulos en forma de "l" son la opción más acertada cuando se pretende que ocupen una esquina y despejen el espacio en el resto de la estancia.

Una viga transversal puede servir para colgar de ella una estantería de vidrio o cristal en la que colocar jarrones u otros detalles decorativos.

El mármol es un material resistente y fácil de limpiar, por lo que resulta especialmente adecuado para la cocina.

Una abundante iluminación natural realzará un espacio y le conferirá fuerza. La iluminación artificial debería servir como complemento pero nunca, en la medida de lo posible, como fuente básica o única de iluminación.

1 En viviendas en las que prima la austeridad y la pureza de líneas puede resultar una buena idea empotrar hornos y demás electrodomésticos en el mismo mueble que alberga los espacios de almacenamiento para que la cocina sea lo más diáfana posible.

2 La discreta campana circular de esta cocina interfiere de una manera apenas perceptible en la decoración de la estancia.

3 Revestir las puertas y cajones de la cocina con colores y tipos de madera diferentes es una apuesta original que confiere calidez al ambiente.

4 Los revestimientos y electrodomésticos metálicos casan a la perfección con cocinas en las que predomina el blanco o hay superficies translúcidas.

5 Las ventanas de linterna o claraboyas laterales permiten aprovechar la luz natural para iluminar espacios amplios.

6 El hastial o parte triangular superior de la pared que cierra una cubierta a dos aguas suele convertirse en un espacio desaprovechado. Los propietarios de este apartamento lo han solucionado pintándolo de un llamativo color azulado y colgando de él la cabeza de un reno disecado.

7 En el caso de contar con un techo de gran altura puede resultar buena idea instalar armarios que aprovechen toda el vertical del espacio y a los que acceder mediante una escalera similar a las de las bibliotecas.

8 En las cocinas de espacio reducido y con techos bajos es una buena idea colocar uno o varios espejos que aporten sensación de profundidad.

9 Una percha de hierro forjado sirve como colgador de los utensilios de cocina, agrupados así sobre la zona de trabajo, desde la que se puede disponer fácilmente de ellos.

10 Las caprichosas formas de las manchas del mármol de la encimera pueden convertirse en el protagonista indiscutible de una cocina si se las resalta con la iluminación adecuada.

Cocinas > Detalles

DUCHAS

Los platos de ducha cuadrados suelen medir unos 80 centímetros de lado, aunque existen platos mayores y también menores, capaces de adaptarse a cualquier necesidad específica.

El grifo de esta ducha prefabricada puede girar y ser orientado hacia el lado contrario, permitiendo así regar cómodamente las plantas situadas al pie del panel.

Las duchas de obra permiten personalizar la estética del cuarto de baño, aunque no siempre son totalmente estancas, a diferencia de los platos de ducha prefabricados.

Una repisa de obra construida al lado de la ducha servirá como espacio de almacenamiento para geles, champús y demás productos higiénicos.

El principal atractivo de esta ducha radica en la originalidad de los llamativos colores con los que se han pintado sus paredes y en las losas de piedra utilizadas como pavimento.

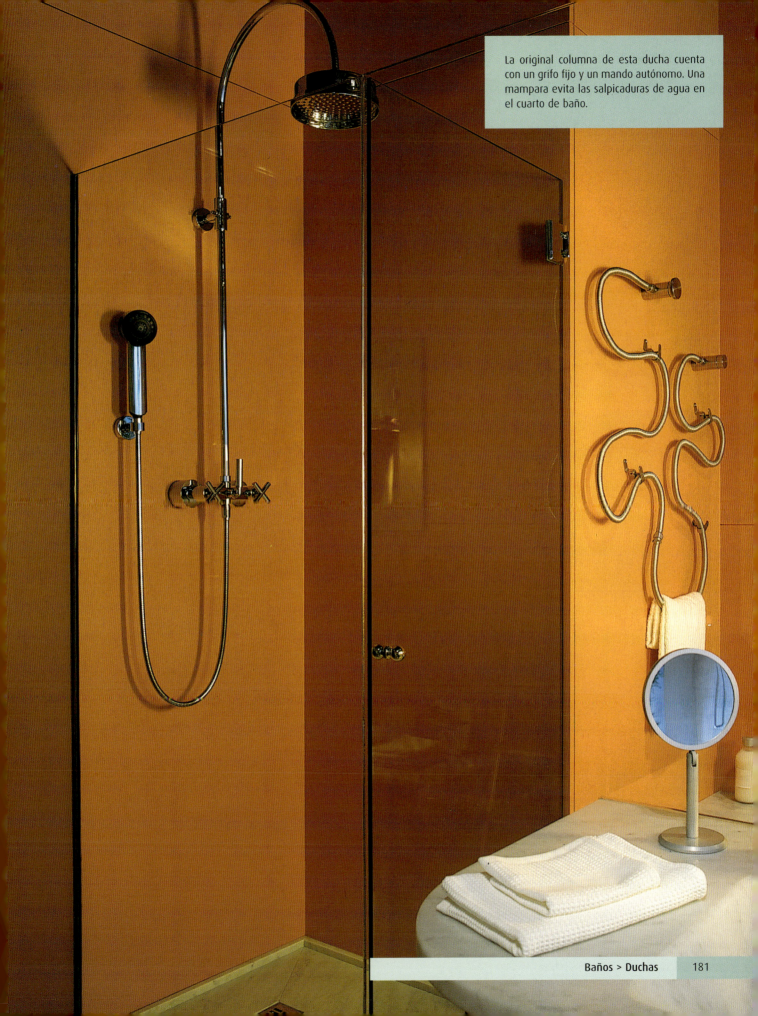

La original columna de esta ducha cuenta con un grifo fijo y un mando autónomo. Una mampara evita las salpicaduras de agua en el cuarto de baño.

Los cuartos de baño abiertos o integrados en el dormitorio se han popularizado espectacularmente durante los últimos años. Sin embargo, sigue resultando conveniente cerrar la ducha con mamparas de vidrio o cristal para evitar mojar los muebles y objetos situados a su alrededor.

La ducha de este baño está separada del resto por medio de una puerta de cristal como si se tratara de una habitación aparte, una solución elegante y atractiva si se cuenta con el espacio necesario.

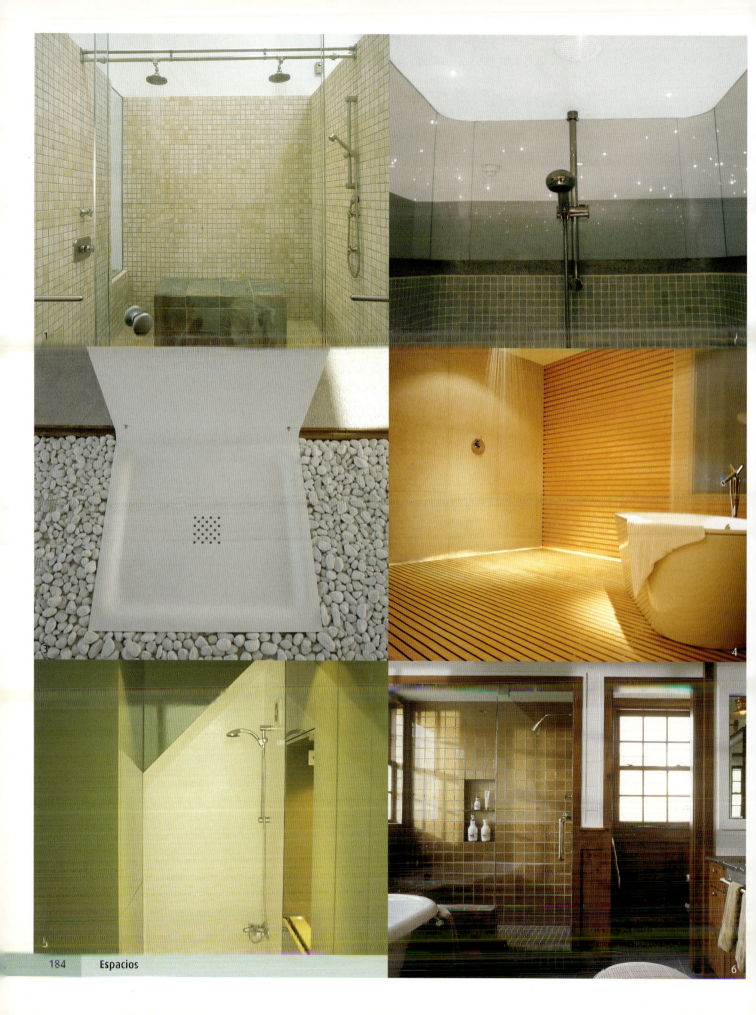

1 Los mosaicos vítreos recuerdan a los antiguos mosaicos romanos, y de ahí que resulten adecuados para cuartos de baño de estilo clásico.

2 Las columnas de ducha modernas permiten dejar el mando fijo o descolgarlo para mayor comodidad del usuario.

3 La mayoría de los platos de ducha actuales se fabrican con acabados antideslizantes para evitar resbalones.

4 Una ducha completamente abierta puede ser una alternativa a las tradicionales duchas cerradas en cuartos de baño de estética vanguardista como el de la imagen.

5 La ducha ha de tener un tamaño mínimo (que generalmente es de 70 u 80 centímetros de lado) que permita moverse con comodidad.

6 Las mamparas evitan salpicaduras, aunque requieren de un cuidadoso mantenimiento. Las más habituales son las formadas por una hoja fija y una puerta o panel corredero. En este caso, la hoja fija de la mampara se apoya sobre un murete y sólo deja una rendija en su borde superior para evitar la acumulación de vapor de agua.

7 El tabique de piedra en el que se ha instalado la columna de ducha se alarga hasta el jardín, integrando el espacio interior y el exterior a la perfección.

8 Esta original ducha forma parte de un módulo en el que también se han empotrado armarios para el almacenamiento de los productos higiénicos. Su estética colorista encaja como un guante en el peculiar espacio en el que se encuentra.

9 Una bañera de láminas de madera como las tradicionales, pero puesta al día, puede convertirse en el detalle divertido de un cuarto de baño moderno.

10 Los suelos de piedra resultan muy adecuados como pavimento de la ducha por su resistencia a la humedad y su rapidez de secado.

BAÑERAS

Los baños abiertos, aquellos en los que todos los elementos quedan a la vista y que carecen de tabiques u otros elementos separadores, son una opción moderna y desenfadada adecuada para viviendas contemporáneas.

> Aun en el caso de haber optado por un baño abierto, el inodoro debería ocultarse a la vista por medio de un tabique o una mampara divisoria para preservar la intimidad.
>
> Si la habitación que cuenta con un baño abierto no está lo suficientemente preparada para ello podemos llegar a tener problemas con la humedad.

1 Combinar elementos y muebles de estéticas dispares conferirá al cuarto de baño una atmósfera contemporánea y ecléctica. Dejar las tuberías a la vista puede convertirse en un recurso decorativo más.

2 Si se cuenta con el espacio necesario, las bañeras con hidromasaje contribuyen a mejorar nuestra calidad de vida. Actualmente existen el mercado modelos tremendamente estéticos.

3 El diseño de este cuarto de baño combina las superficies curvas (las de la bañera, en forma de huevo truncado, o la de la pared abombada de la izquierda) con las líneas rectas y los volúmenes contundentes.

4 Una bañera de obra excavada en la piedra y a la que se accede por medio de escalones, también excavados en la piedra, se convertirá en uno de los mayores atractivos del cuarto de baño y del hogar.

5 Para ocultar a la vista esta original bañera se ha recurrido a una cortina que la rodea por completo y que pende de unas guías instaladas en el techo, como si se tratara de la cortina de un dosel.

6 Para no romper la continuidad visual de las paredes inclinadas de esta buhardilla se ha optado por construir los armarios y la estructura que alberga la bañera también a partir de planos inclinados. El resultado es un vanguardista cuarto de baño de afiladas aristas.

7 Una opción radicalmente original: instalar el cuarto de baño en un volumen completamente independiente al que se accede gracias a unas escaleras y que se sostiene, como una plataforma, sobre columnas.

8 Esta cuba de madera funciona simultáneamente como bañera y como plato de ducha. Su diseño contrasta radicalmente con la estética del cuarto de baño que la alberga.

9 Esta bañera forma una unidad visual con la estructura que la alberga, construida con el mismo material. Es una opción más armónica que las tradicionales bañeras empotradas en estructuras de mármol o piedra.

10 Para enmarcar esta bañera se ha construido una tarima de 6 ó 7 m^2 y de 70 cm de alto a la que se accede gracias a unos escalones; se la ha separado visualmente del resto del cuarto de baño por medio de una mampara de vidrio.

Las bañeras independientes resultan visualmente mucho más espectaculares que las tradicionales, aunque requieren de un trabajo de instalación específico para los desagües y, en algunos casos, la grifería.

Las bañeras ovaladas resultan más cómodas para el usuario que las rectangulares al carecer de ángulos rectos.

Una ancha repisa alrededor de la bañera es el lugar ideal para albergar elementos decorativos o los productos del baño. Debe tratarse, eso sí, de objetos relativamente resistentes a la humedad.

Un panel de cristal transparente brinda continuidad visual entre la habitación y el cuerto de baño, de manera que uno pueda hacer un uso relajante de la bañera con la sensación de que está dentro del dormitorio.

Una columna rectangular alberga tanto el grifo mezclador de la bañera como la manguera de la ducha. Es una solución flexible que permite despejar de elementos incómodos las partes de la bañera en las que el usuario deja reposar la cabeza y los pies.

El colgador de toallas debe situarse siempre lo más cerca posible de la bañera, pero no tanto como para que le alcancen las salpicaduras de agua.

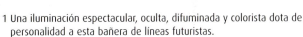

1 Una iluminación espectacular, oculta, difuminada y colorista dota de personalidad a esta bañera de líneas futuristas.

2 La combinación de esta amplia bañera blanca de forma clásica con las teselas azules del alicatado supone un gran acierto del diseño en este cuarto de baño.

3 Las bañeras triangulares (aunque con uno de sus vértices truncado) permiten aprovechar mejor el espacio. En este caso, ese espacio se ha aprovechado para instalar una tarima que funciona como escalón o estantería.

4 Unas decorativas cañas de bambú dotarán de frescor y viveza a cualquier cuarto de baño. Además, pueden llegar a funcionar como elemento separador.

5 Un jacuzzi circular ha sido instalado en una plataforma de estructura metálica y protegido por medio de una barandilla también metálica aprovechando la espectacular altura de los techos de la vivienda.

6 Los azulejos son uno de los materiales más utilizados en el cuarto de baño. Éstos, de color marrón, confieren una atmósfera elegante y masculina al cuarto de baño.

7 Una solución acertada para un cuarto de baño de dimensiones mínimas: la superficie de piedra en la que se ha instalado el lavabo llega hasta la pared, funcionando así también como repisa para los productos del baño y la ducha.

8 El corte oblicuo y la diferencia de color aporta profundidad al hueco de esta bañera, una solución rompedora en baños de ambiente moderno.

9 Algunas bañeras cuentan con pequeños puntos de goma para evitar resbalones.

10 Rodear la bañera con un alicatado de su mismo color es una solución original con la que brindar continuidad visual a los cuartos de baño de estilo clásico.

Baños > Bañeras

El acabado irregular e imperfecto de una bañera construida con teselas de cerámica o mármol resultará adecuado para interiores contundentes de inspiración rústica o tradicional.

Colocar la bañera bajo una ventana nos permitirá disfrutar de las vistas mientras nos damos un baño relajante.

El hierro envejecido de esta bañera independiente rompe la calculada frialdad aséptica de este cuarto de baño de líneas puras y atmósfera zen.

SANITARIOS

El estilo rústico se caracteriza por su dureza y austeridad, lo que no excluye el uso del color. Esta lavabo con patas casa a la perfección con el estilo clásico sugerido por el pavimento del suelo y el acabado de la pared.

El estilo rústico recurre frecuentemente a la madera, especialmente la del nogal y el roble, así como a los acabados irregulares y poco pulidos, como los de la pared en cuya hendidura está encajado el lavabo.

1 Este mueble construido con dos tipos de mármol distintos tiene integrado el lavabo de una forma tremendamente original, dejando el color oscuro para la encimera y el claro para el lavabo en sí.

2 El original lavabo decorado a rayas negras y blancas introduce un contraste llamativo y vanguardista en un cuarto de baño dominado visualmente por la dureza de la apariencia granítica de la pared.

3 El color azul se asocia con la higiene y la limpieza. De ahí que resulte adecuado para los cuartos de baño, siempre que se lo combine con elementos o revestimientos de color blanco, como el elegante lavabo con patas y grifería dorada de la imagen.

4 La madera es un material cálido que remite de inmediato a la naturaleza. En el caso de este cuarto de baño se han combinado dos tipos de madera distintos, una de acabado rústico y otra pulida, cuya combinación con el acabado rústico del lavabo de cobre resulta muy acertada.

5 Actualmente no es raro ver en los cuartos de baño muebles fabricados con materiales prácticamente inexistentes en el interiorismo hace algunos años, como el granito, el aluminio o el vidrio. Todos ellos deben, sin embargo, ser resistentes a la humedad y las temperaturas extremas.

6 Si se opta por los elementos de colores llamativos de inspiración pop, como este lavabo bicolor, debería contarse también con una buena iluminación para evitar que la piel adopte tonalidades "extrañas" cuando nos miramos al espejo.

7 Contar con dos ámbitos separados en el cuarto de baño resulta mucho más cómodo que un espacio unitario con un solo lavabo.

8 Los colores llamativos provocan cansancio visual, y por eso es recomendable equilibrarlos con elementos de colores neutros como el del acabado metálico de estos lavabos.

9 El minimalismo privilegia el orden por encima de los detalles decorativos superfluos, y de ahí su preferencia por las formas geométricas básicas y su rechazo del barroquismo y los colores llamativos.

10 Los lavabos de estética rústica conferirán dureza a los cuartos de baño decorados con tonos neutros.

Baños > Sanitarios

Un lavabo de vidrio o de cualquier otro material transparente aligerará visualmente el espacio, por lo que resulta adecuado para cuartos de baño de dimensiones reducidas.

Situar un espejo tras un lavabo facilita su uso y hará que la luz llegue hasta todos los rincones del espacio después de reflejarse en ellos.

Una mesa de madera puede actuar como perfecto y original sustituto de los tradicionales soportes para lavabos de estilo rústico. Su mayor tamaño, además, la convierte en una opción cómoda y funcional.

Los lavabos que descansan sobre el mobiliario ocultan así sus tuberías y aportan un aspecto elegante y discreto al conjunto del cuarto de baño.

Baños > Sanitarios

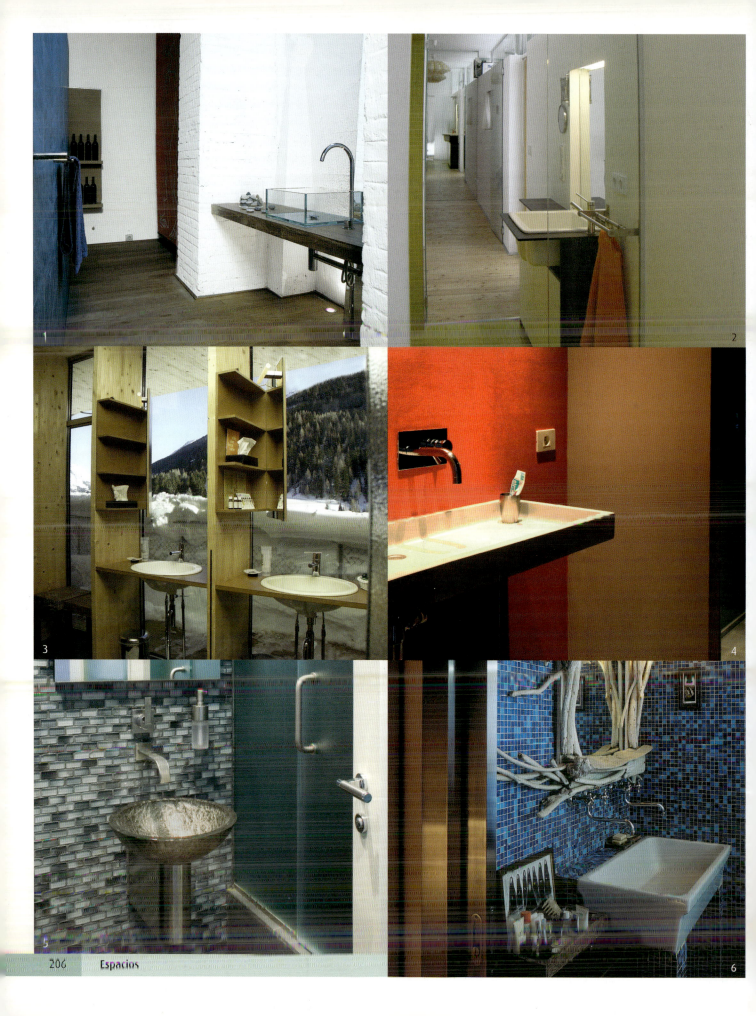

1 Dejar las tuberías del lavamanos a la vista puede ser un recurso estético en interiores de inspiración minimalista. El foco empotrado en el suelo ilumina la zona de aguas por el hueco existente entre ésta y la pared.

2 El cuarto de baño es uno de los pocos espacios de la casa en los que podemos dar rienda suelta a los colores llamativos en los revestimientos sin que el resultado sea visualmente agobiante. El blanco del lavabo puede ayudar a equilibrar cierta osadía cromática.

3 Las paredes de vidrio de este cuarto de baño permiten observar el espectacular paisaje nevado del exterior, que se puede contemplar mientras se hace uso del lavamanos.

4 En el estilo minimalista los pocos elementos decorativos escogidos adquieren una importancia básica pues se encuentran expuestos por completo, como es el caso de la desnudez consustancial a este elegante lavabo.

5 Además de por su atractivo acabado dorado, la elección de este lavabo fijado a la pared es un acierto dadas las reducidas dimensiones del cuarto de baño en el que se ubica.

6 Los mosaicos cerámicos consisten en pequeñas piezas (teselas) de porcelana o arcilla vitrificada o sin vitrificar. Estos acabados vivos pueden servir para alegrar el entorno de un lavabo sencillo.

7 Las puertas de vidrio translúcido o al ácido permiten aprovechar la luz de las estancias contiguas preservando al mismo tiempo la sensación de intimidad. Si se instala un lavabo del mismo material, la combinación resulta muy atractiva.

8 Un lavabo distribuido longitudinalmente, com oel que está oculto tras el murete, debería dejar un pasillo libre de suficiente anchura como para poder moverse con comodidad en él.

9 Colocar el levabo en el extremo de una larga encimera deja un amplio espacio para cosméticos y productos de higiene personal y presenta una configuración realmente original.

10 Este original grifo y lavabo metálico centra toda la atención visual del espectador en un único punto del cuarto de baño.

En los cuartos de baño que van a ser utilizados por dos personas (o más) es posible optar por dos lavabos separados, pero también por una pieza de gran tamaño que albergue dos grifos independientes, lo que permitirá ahorrar un espacio útil.

Materiales como la pizarra, el mármol, el aluminio y el acero inoxidable son cada vez más utilizados en los sanitarios modernos. Los nuevos materiales permiten nuevas formas, diseños y colores.

Actualmente es posible encontrar en el mercado todo tipo de inodoros. Algunos de ellos pasan prácticamente desapercibidos, convirtiéndose casi en un elemento decorativo más.

El predominio de ángulos rectos en este cuarto de baño convierte en idóneas las formas redondeadas de estos sanitarios de color blanco.

Las combinaciones de formas simples y modernas en los sanitarios con algún elemento clásico como el espejo conferirán una atmósfera vanguardista y elegante.

La combinación del blanco habitual de los inodoros con colores llamativos aportará dinamismo y alegría al espacio. Si estos colores son oscuros, es conveniente contar con una buena fuente de luz.

El contraste entre colores y la iluminación cenital de detalle sobre el inodoro, encajado en una urna de vidrio, lo convierten casi en una obra de arte doméstica.

Los diseñadores han conseguido que los sanitarios pasen casi desapercibidos en este cuarto de baño minimalista con una atractiva cubierta de madera como suelo.

El mármol y la piedra pulida son materiales elegantes que remiten a atmósferas opulentas que piden la elección de un inodoro de formas originales.

El estilo clásico se asocia a la elegancia y el refinamiento. La opción radical y barroca de este cuarto de baño apuesta por sanitarios que imitan a antigüedades y casan a la perfección con su entorno.

Hasta las opciones decorativas más radicales, aquellas que rozan el kitsch, deben contar con un elemento decorativo unificador. En este caso, la tapa de madera aporta una nota de sencillez en un ambiente recargado.

PISCINAS

Las piscinas interiores permiten su disfrute durante todo el año, sea cual sea la temperatura exterior, pero requieren de unos cuidados específicos.

Las piscinas exteriores deben construirse, en la medida de lo posible, en zonas del jardín despejadas en las que no exista ningún elemento que les haga sombra.

Si no se cuenta con el espacio suficiente para construir una piscina convencional puede optarse por una de forma alargada como la de la imagen, de una anchura (suficiente) de cerca de unos 2 metros.

Una piscina realmente espectacular. Su pared de vidrio transparente permite ver su interior. Además, la peculiar estructura de la vivienda hace que la piscina "cuelgue" sobre el vacío como si se tratara de una barandilla de la terraza.

El antepecho o pequeño murete que rodea esta piscina puede ser útil si se quiere evitar, por ejemplo, que los niños caigan a la piscina por accidente.

Unos bloques de piedra, que actúan a modo de puente, permiten cruzar el estanque-piscina que rodea esta vivienda y conectan su salón de estar con el jardín.

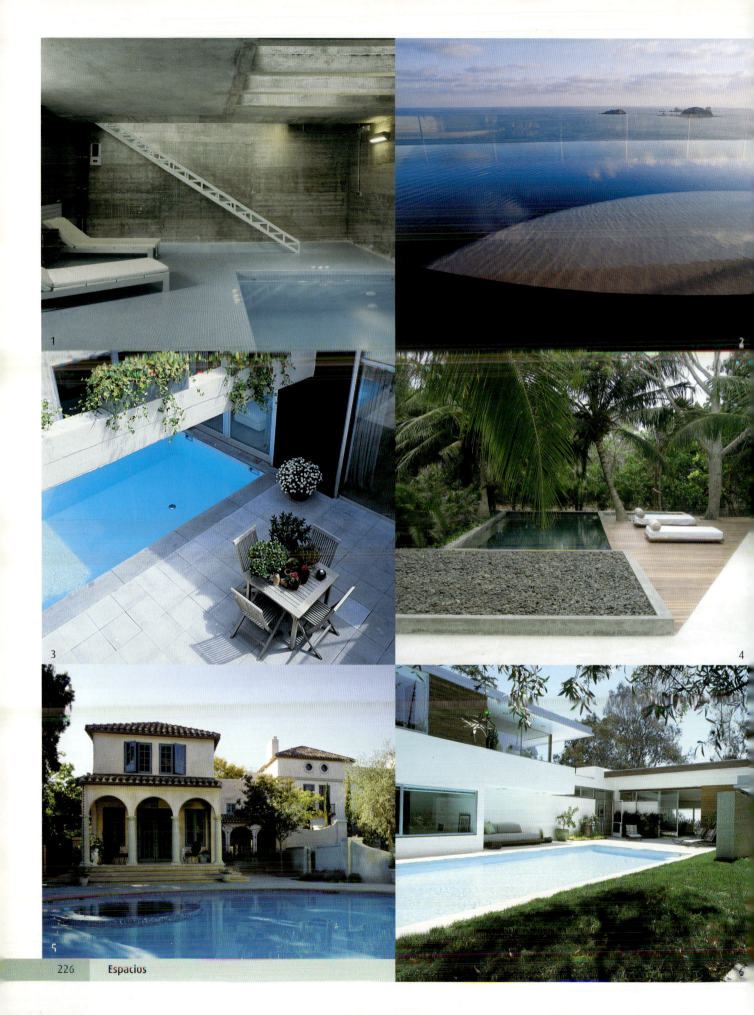

226 Espacios

1 Tres claraboyas abiertas iluminan esta piscina a medio camino entre el interior y el exterior. Una escalera metálica conecta la piscina con la terraza.

2 Unos paneles de vidrio hacen de barrera casi invisible para esta piscina, que parece fundirse con el mar a sus pies.

3 La viga situada sobre esta piscina permite colocar algunas plantas colgantes que la dotan de frescura.

4 Las piscinas rodeadas de vegetación deberán limpiarse más a menudo de los residuos que caen de los árboles y las plantas circundantes.

5 Las piscinas redondas y ovaladas no son recomendables para espacios exteriores pequeños pues desperdician espacio útil. Sin embargo, resultan más fáciles de limpiar que las tradicionales piscinas rectangulares.

6 Las piscinas cuadradas o rectangulares aprovechan mejor el terreno disponible aunque resultan más difíciles de limpiar, sobre todo en sus esquinas.

7 Las vallas de madera y las plantas enredaderas sobre ellas preservan la intimidad de esta pequeña piscina urbana.

8 Los bordes inclinados de esta piscina la dotan de una estética poco convencional, pero muy atractiva e innovadora.

9 Las fronteras entre piscina, estanque y acequia se han borrado por completo en este caso. Una piscina convencional habría roto sin remedio la estética tradicional del jardín de esta vivienda.

10 En el centro de este estanque se ha construido una plataforma en la que se ha instalado una mesa y un par de bancos y a la que se accede por medio de una serie de bloques de piedra que actúan como puente.

Exterior > Piscinas

La peculiar forma triangular de esta piscina permite aprovechar al máximo la configuración del terreno para no perder ni un solo metro cuadrado de espacio útil.

Los árboles cercanos a la piscina pueden presentar problemas (raíces que rompan las paredes de la piscina, residuos...), y de ahí que la mejor opción sea plantar césped a su alrededor y dejar la vegetación de gran tamaño para otras zonas del jardín.

La peculiar forma de esta piscina hace que parezca adentrarse en el mar. La piedra con la que se ha pavimentado el suelo se ha escogido por su rapidez de secado.

Una pequeña piscina, casi un jacuzzi, puede ser una alternativa válida si no se dispone del espacio necesario para construir una piscina de mayor tamaño.

Elementos

Una vez distribuido el espacio de nuestra vivienda y decididas las ubicaciones de las diferentes estancias, sus accesos y sus fuentes de luz y ventilación, se plantea el paso siguiente, no menos importante aunque sí menos sujeto a reglas fijas. Decorar, amueblar y decidir los complementos de la vivienda acabará de conferirle personalidad y contribuirá a convertirla en un espacio único. Decidirse por un estilo y elegir la atmósfera que deseamos para nuestra casa nos ayudará a divagar lo menos posible y a adoptar las decisiones correctas, entendiendo por "decisiones correctas" aquellas que más nos van a ayudar a acercarnos a ese modelo predeterminado en el que nos hemos fijado. Una segunda opción, de resultados inciertos pero seguramente sorprendentes, y decididamente más contemporánea, es la de optar por un estilo ecléctico en el que la vivienda vaya adoptando personalidad propia poco a poco por medio de la adición de objetos, muebles y elementos decorativos peculiares, como si se tratara de una fruta que madura con el paso del tiempo. La segunda opción es, con diferencia, la más popular estos días favorecida y caracterizada por una serie de factores bien conocidos: el encarecimiento del mercado inmobiliario y, consecuentemente, el empequeñecimiento de las viviendas urbanas; la popularización de los nuevos tipos de familia y del "single"; y, finalmente, internet y las nuevas tecnologías, que nos permiten disponer de todo tipo de productos, materiales y objetos, procedentes de cualquier parte del mundo, sin ningún tipo de problemas.

Una vez planteadas nuestras prioridades y decididas las características distintivas de nuestra vivienda (lo que incluye también no desear que la vivienda tenga ninguna "característica distintiva") podemos pasar directamente a la acción o efectuar primero un pequeño test. Conseguir pequeños retales de las telas escogidas y combinarlas sobre una lámina para ver cómo encajan las unas con las otras o superponer fotografías recortadas de los muebles sobre imágenes de las diferentes estancias de nuestra vivienda nos dará una idea bastante fiel del resultado final. En cualquier caso, será la experiencia directa la que nos enseñará cómo disponer los distintos elementos de nuestra vivienda y cómo decorarla. Las prisas y el querer poner punto y final al trabajo de amueblado y decoración en apenas unos días no suelen dar buenos resultados.

Mobiliario

Sofás	234
Butacas	246
Sillas	258
Bancos/Taburetes	270
Mesas	288
Mesas de centro	300
Camas	310
Armarios	324
Estanterías	336
Muebles de terraza	344

Complementos

Alfombras	356
Cojines	366
Espejos	374
Detalles naturales	386
Chimeneas	398

SOFÁS

En los interiores contemporáneos el exceso de color puede llegar a ser un handicap. De ahí que para conservar la paleta estricta de negro y blanco se haya optado por un sofá de piel negra y cojines blancos y negros.

Los sofás son un elemento decorativo más, por lo que han de ser escogidos teniendo en cuenta no sólo sus características prácticas (comodidad, tamaño, material), sino también las puramente estéticas.

En los interiores minimalistas los muebles adquieren una relevancia muy superior a la que tienen en los ambientes más recargados. El mueble que une el sofá y el butacón se ha tapizado con la misma tela que éstos para conservar la paleta de colores del diseño y no introducir un elemento discordante.

Las telas y los tapizados son de vital importancia en los interiores de marcada personalidad barroca. Los estampados alegres y de llamativos colores cálidos (rosa, amarillo, violeta) suelen ser los más adecuados.

En interiores con pocos elementos decorativos llamativos puede ser una buena idea utilizar una tela estampada con motivos alegres para cubrir el sofá y darle así una mayor viveza a la estancia sin romper la estética escogida para ella.

Es importante que el tapizado escogido para los sofás y los butacones se integre con la alfombra. Un simple detalle común de color (unas flores de color violeta, como en el caso de este salón) servirá para engamar visualmente ambos elementos.

Existen centenares de modelos de sofás en el mercado que permiten disponer sus distintos elementos en cualquier formato que podamos desear. De esta manera, el propietario de la vivienda no depende de una configuración más o menos estándar a la hora de decorar su comedor o su sala de estar.

Un original reposabrazos cilíndrico de madera y su llamativo color amarillo convierten este sofá en un elemento decorativo de poderosa personalidad.

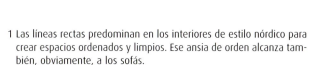

1 Las líneas rectas predominan en los interiores de estilo nórdico para crear espacios ordenados y limpios. Ese ansia de orden alcanza también, obviamente, a los sofás.

2 Un sofá de un llamativo color rojo se convertirá rápidamente en el centro visual de la estancia, de ahí que sea conveniente estructurar toda la decoración de la estancia a su alrededor y en función de él.

3 Para interiores juveniles y heterodoxos puede resultar buena idea optar por sofás de formas caprichosas, de colores llamativos y de estética retro actualizada.

4 Los cojines en el suelo ayudan a cerrar el espacio delimitado por el sofá, la mesita de centro y la alfombra.

5 Los sofás de líneas curvas suavizarán la dureza de los interiores diseñados a partir de líneas rectas y limpias. Si reciben luz directa de una ventana, se convertirán además en uno de los rincones más cálidos de la casa.

6 Los sofás con ruedas son la solución ideal para los espacios tipo loft, en los que suele resultar conveniente contar con algunos elementos móviles para redistribuir el espacio de forma rápida y cómoda.

7 Existen sofás en el mercado capaces de adaptarse prácticamente a cualquier interiorismo: paredes curvas, desniveles, espacios mínimos, interiores monocromáticos, barrocos o rústicos...

8 Un sofá puede tener la misma función delimitadora del espacio que un tabique o cualquier otro elemento estructural similar.

9 Dos ámbitos de relax situados en los extremos de una misma estancia deberían contar con dos sofás de estéticas muy diferentes para evitar la saturación del espacio.

10 La estructura de madera de este sofá combina a la perfección con la original mesa de centro, también de madera.

Los muebles y los tapizados de colores claros propiciarán una atmósfera tranquila, relajada y limpia. Las luces cenitales que emitan una luz matizada y uniforme serán entonces las más adecuadas.

Si se disfruta de una chimenea los sofás deberían colocarse en torno a ella pues resultará inevitable que la vida de los propietarios de la vivienda se organice a su alrededor o en sus cercanías.

BUTACAS

Las butacas son uno de los muebles que más definen la personalidad de una habitación. Una o dos butacas como las de la imagen, blancas, de formas redondeadas y estética pop, dotarán al espacio de una atmósfera muy concreta.

> La butacas compactas, sobrias y de líneas rectas serán percibidas visualmente como un bloque. De ahí que resulten especialmente adecuadas para interiores de estética minimalista.

Algunas de las butacas más famosas de la historia del diseño continúan siendo producidas industrialmente por fabricantes de muebles. Sus precios suelen ser bastante más elevados que los de las butacas comunes, pero su peso visual es casi el mismo que el de una obra de arte.

Existen varios tipos de reposapiés. Algunos de ellos forman parte de la butaca y se encuentran replegados bajo el asiento; para utilizarlos, simplemente se acciona el mecanismo que los despliega. Otros reposapiés son independientes de la butaca a la que acompañan y pueden ser utilizados incluso como una pequeña silla.

Existen centenares de modelos de butacas en el mercado, desde las más clásicas hasta las más vanguardistas, de las más sobrias a las más coloristas, discretas o de acentuada personalidad, de anticuario o innovadoras. Resulta casi imposible no encontrar un modelo que se ajuste como un guante al estilo de nuestra vivienda.

Algunas butacas permiten cambiar muy fácilmente las telas que las cubren, al no estar éstas sujetas o fijadas de ninguna manera a ella. De este modo podemos modificar muy rápidamente la personalidad de la butaca y del espacio en el que se encuentra en función de nuestras necesidades o gustos.

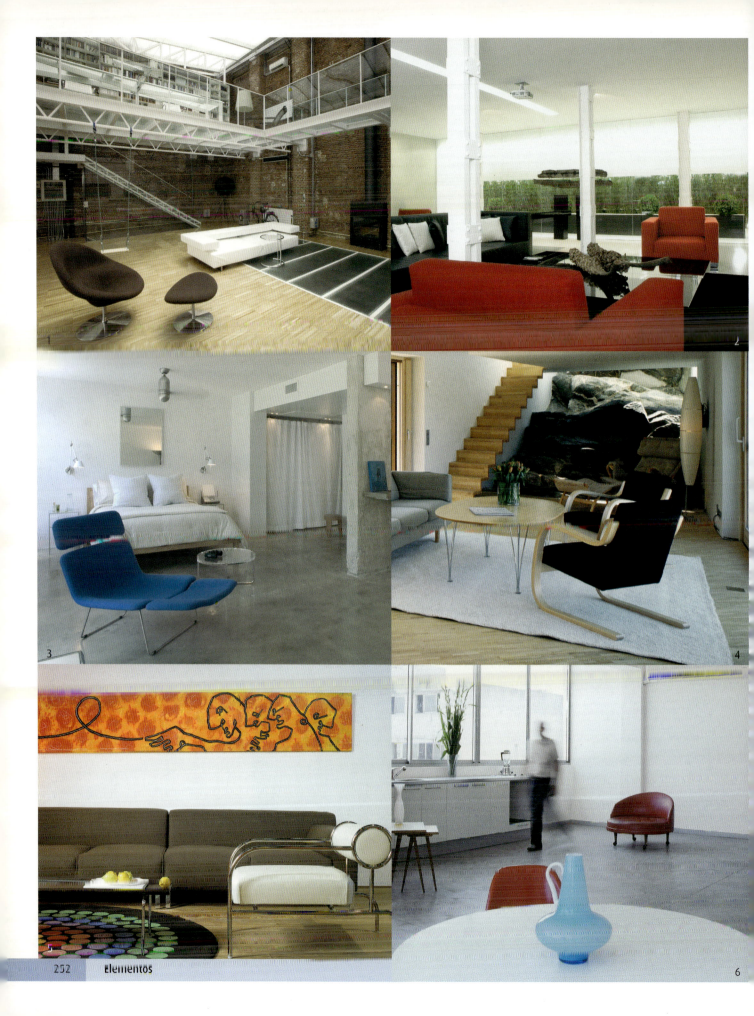

1 Las butacas que se apoyan sobre un único pie resultan visualmente más ligeras. Es una opción recomendable cuando la butaca va acompañada de un reposapiés y tememos que el conjunto resulte demasiado pesado a la vista.

2 Las butacas pueden tapizarse del mismo color que el sofá al que acompañan o romper estéticamente con él introduciendo una nota de color en el espacio.

3 Una simple butaca puede convertirse en el centro visual del dormitorio gracias a un uso inteligente de los colores.

4 La elegancia de las butacas con estructura de madera es un seguro de vida estético: es prácticamente imposible encontrar un estilo decorativo para el que no resulten recomendables.

5 Las butacas con estructura metálica tubular introducirán una nota industrial en entornos cálidos.

6 La original butaca granate de la imagen acapara toda la atención del observador casual, una señal de su poderosa personalidad.

7 Una butaca de líneas expresionistas puede convivir perfectamente con la mezcla de estilos más colorida y atrevida.

8 Combinar dos o tres butacas de estilos radicalmente distintos conferirá a la habitación una atmósfera desenfadada y atrevida, propia de un espacio juvenil, especialmente si una de ellas ha sido tapizada con una tela que imita la piel de vaca.

9 La imponente presencia del sillón LC2 diseñado por el arquitecto suizo-francés Le Corbusier se convertirá en el centro visual de cualquier estancia.

10 La butaca de esta estancia disfruta de un espacio amplio para "respirar" que le evita tener que competir visualmente con el resto de muebles que vemos en la imagen.

Las butacas de respaldo bajo suelen resultar menos plomizas visualmente que las de respaldo convencional, aunque en este caso el grosor de la estructura compensa esa liviandad.

Las estructuras tubulares metálicas suelen conferir a la butaca un aire retro. No es recomendable mezclar sin criterio alguno muebles de estética retro con otros contemporáneos: la mezcla debe efectuarse teniendo en cuenta la personalidad visual de cada elemento y sin recargar la atmósfera del espacio.

Estas butacas cuya forma semeja la de una pelota truncada en su base y en su parte superior son herederas directas de la famosa silla-burbuja del diseñador finlandés Eero Aarnio.

Las butacas de estilo clásico, adecuadas para viviendas decoradas de una forma levemente barroca, aceptarán perfectamente tapizados estampados de motivos florales, así como la mezcla de tapizados y telas en cojines y reposapiés.

SILLAS

Las sillas de estructura sinuosa de la imagen han sido escogidas para equilibrar la excesiva frialdad del resto de los muebles de la vivienda, pavimentada y pintada de un blanco prístino.

Las sillas con respaldo agujereado dejan respirar la espalda, por lo que resultan menos calurosas que las sillas de respaldo cerrado. Además, el respaldo a cuarterones resulta visualmente poderoso.

Las sillas clásicas pueden combinar perfectamente con los muebles contemporáneos, aunque hemos de ser conscientes de que su personalidad, precisamente debido a su rareza, se "comerá" visualmente al resto de los elementos decorativos.

La presencia de varias sillas del mismo modelo a lo largo de una mesa de comedor de varios metros de longitud dota de uniformidad visual a la estancia. En este ejemplo sus formas redondeadas suavizan la frialdad provocada por la acumulación de un mismo objeto.

Dos sillas Hill House, diseñadas por el arquitecto escocés Charles Rennie Mackintosh a principios del siglo pasado, siguen bastando para dotar de personalidad un espacio vacío de cualquier otro elemento decorativo.

Los interiores urbanos contemporáneos requieren muebles funcionales, ligeros y cómodos, como el juego de sillas de esta imagen. Éstos no están pensados para durar, sino para ser útiles durante cierto tiempo y ser sustituidos a medio plazo por otros de diseño más actual.

1 La combinación de madera y metal sigue siendo una de las preferidas por muchos diseñadores de sillas por sus resultados casi siempre estéticamente impecables.

2 La silla Zig Zag del arquitecto holandés Gerrit Rietveld, diseñada en los años 30, se basa en los requerimientos mínimos y su forma sigue siendo tan radical como cuando fue creada. Se dice de ella que hasta sus tornillos resultan decorativos.

3 Las sillas originales de los años 60 y 70 alcanzan en la actualidad precios altísimos, por lo que la mayoría de las veces se opta por reproducciones modernas, de igual calidad (están fabricadas de acuerdo al el diseño original), pero de precios mucho más asequibles.

4 Estas originales sillas de estética étnica aportan un interesante efecto al contrastar con la frialdad del resto de los elementos decorativos de la estancia.

5 Algunos diseños combinan el barroquismo de los modelos clásicos con los materiales y el dinamismo del nuevo diseño, situándose a medio camino de dos mundos estéticos radicalmente diferentes.

6 Una mesa amplia debe contar con suficientes sillas como para rodear por completo su perímetro. De otra manera, el resultado visual sería pobre.

7 Las sillas sobrias de líneas rectas y materiales clásicos son adecuadas para espacios limpios en los que se quiera proyectar una sensación de orden.

8 Si se combinan tres o cuatro modelos diferentes de sillas en el mismo espacio debería procurarse que estos tuvieran algo en común: el material (la madera, por ejemplo), el color, un diseño perteneciente al mismo estilo decorativo...

9 Seis sillas en torno a una mesa baja formarán por sí solas una "isla", un espacio aparte separado del resto de zonas anexas.

10 El violeta, en sus modalidades más azuladas, transmite sensación de profundidad. Es un color atrevido y de fuerte personalidad que no se adapta igual de bien a todos los estilos decorativos.

Las sillas de líneas rectas y diseño vanguardista corren el peligro de resultar frías. Por ello es conveniente equilibrarlas con detalles cálidos o de color. De otra manera, la atmósfera se tornaría excesivamente industrial.

La silla Panton, de 1968, es uno de los grandes clásicos del diseño de muebles. Su estética remite claramente a los años 60 y la estética pop, basada en la publicidad, la televisión y la cultura popular.

Los detalles tienen una importancia fundamental en los ambientes clásicos. Aunque un exceso de elementos puede resultar barroco, no hay que tener miedo de recurrir al uso de cojines, borlas y telas estampadas para "vestir" una silla.

El asiento peludo equilibra el efecto de la estructura tubular de acero de las sillas de la imagen, demasiado fría para un interior pop, juvenil y descuidadamente colorista.

BANCOS/TABURETES

Los bancos y los taburetes son una alternativa divertida a las más tradicionales sillas en los dormitorios de los apartamentos contemporáneos.

Los bancos son piezas compactas que evitan la proliferación de sillas, por lo que suelen resultar más cómodos a la hora de limpiar. Además, pueden esconderse bajo la mesa, cosa que no ocurre con las sillas.

Tres bancos de piedra juntos pero dispuestos irregularmente se convierten con facilidad en una mesa en la que, evidentemente, también es posible sentarse.

¿Sofá, banco o chaise longue? Algunos muebles de diseño contemporáneo han roto las tradicionales barreras existentes entre los muebles más ortodoxos.

Estos bancos acolchados son un perfecto ejemplo del mobiliario de estilo escandinavo, funcional, elegante y adecuado para atmósferas relajadas y nada recargadas.

Los muebles de madera oscura resultan especialmente adecuados para los interiores de estilo rústico. Dos cojines suavizarán la dureza de los bancos y les conferirán calidez.

1 Sentarse a ras del suelo con las piernas recogidas en un hueco recortado en el pavimento es una costumbre propia de algunas culturas orientales que algunas viviendas occidentales han readaptado y reinterpretado.

2 Un banco tapizado con una tela divertida conferirá alegría a la estancia e introducirá una nota de humor en ella.

3 Dos bancos situados en paralelo pueden ser unos perfectos sustitutos del más convencional sofá.

4 Los taburetes son el complemento adecuado para las modernas islas de cocina, que en la mayoría de los casos tienen tamaño suficiente para funcionar como espacio de trabajo y también como mesa de comedor.

5 Los taburetes y puffs de colores funcionan como un elemento decorativo más. Existe una amplia gama de colores y texturas diferentes para los tapizados de estas piezas de mobiliario.

6 Unos originales taburetes sobre ruedas que además pueden funcionar como pequeños espacios de almacenamiento (para revistas, por ejemplo) son una alternativa a los tradicionales bancos o sillas.

7 Los materiales metálicos son los más utilizados en el mobiliario de las cocinas contemporáneas por su estética moderna y su alta resistencia.

8 Los cojines rojos de los bancos que rodean la mesa encuentran su réplica en los tres cuadrados rojos decorativos de la pared.

9 Los bancos de exterior son un clásico de los espacios ajardinados urbanos. Proporcionan un lugar donde descansar al aire libre.

10 Los bancos de obra, tradicionales en las viviendas mediterráneas, suelen construirse tanto en las terrazas como en los interiores.

Un taburete de altura regulable nos permitirá trabajar con mesas de distintas alturas sin ningún problema. El respaldo debería ser ergonómico para evitar problemas de espalda.

Las formas redondeadas de estos taburetes de inspiración retro suavizan un interiorismo basado en las líneas rectas y en unos pocos elementos decorativos de una paleta de colores muy estricta.

El éxito del estilo nórdico de decoración radica en que ha sabido actualizar los tradicionales muebles de madera, y muy especialmente los de tonos claros, dándoles un aire contemporáneo adecuado para viviendas modernas.

Una barra que separe la cocina del comedor o el salón de estar es el lugar adecuado para instalar unos taburetes. De esta manera ganamos una mesa de comedor informal.

Los taburetes de formas caprichosas y de materiales exóticos no resultan ya difíciles de encontrar en las tiendas de muebles modernas. Su acusada personalidad será un elemento decorativo llamativo más en nuestra vivienda.

Los colores puros de los interiores minimalistas tienen la virtud de que amplían visualmente el espacio y lo aligeran, haciendo también que cualquier detalle de color destaque mucho más que en un interior de cualquier otro estilo.

La combinación de un material natural y cálido como la madera con otro frío y de estética industrial como el aluminio puede dar buenos resultados en interiores de estética vanguardista o poco convencional.

Los reposapiés negros de estos taburetes cuadrados aportan una nota llamativa al espacio y lo convierten casi en un cuadro cubista ajedrezado.

Un bloque de madera con forma de reloj de arena puede adoptar una doble función: taburete o mesilla en la que colocar un jarrón, una maceta o cualquier otro elemento decorativo.

Los taburetes de los años 50 con asientos de escay de colores llamativos son adecuados para los interiores de estética ecléctica o en aquellos en los que queramos introducir una humorística nota discordante.

MESAS

Esta mesa cuasi-compacta en forma de U invertida tiene espacio suficiente en sus dos "patas" laterales como para albergar varios cajones. Se trata de un mueble robusto cuya presencia no pasará desapercibida.

La estructura de esta larga mesa funciona también como barandilla de la escalera anexa. De esta manera se aprovecha un espacio que de otra forma quedaría sin rentabilizar. La longitud de la mesa permite que varias personas trabajen en ella sin problemas.

La funcionalidad y el ahorro de espacio llevado al extremo: el banco de esta mesa de trabajo, casi una replica en menor tamaño de la mesa a la que acompaña, encaja perfectamente bajo ella.

Algunas mesas, por su espectacular diseño, pueden funcionar prácticamente como elementos decorativos por sí solas. Es el caso de esta, cuya superficie reflectante llama la atención del espectador entre la decoración estilo damero de la estancia en la que se encuentra.

La combinación de un material natural como la madera con un diseño limpio (es decir, de lo antiguo y lo moderno) resultará adecuada para viviendas en las que se combinen elementos clásicos con otros contemporáneos. En este caso el efecto de contraste se ha reforzado al dejar a la vista la ruda veta de la madera.

Esta mesa de estructura simplísima sirve como estantería o como mesilla para la televisión pero también como mesa de desayuno, al encajar en la cama, a lo largo de la cual puede deslizarse sin problemas.

Las láminas metálicas que forman el respaldo y el asiento de las sillas de esta mesa de comedor tienen su réplica en la estructura del techo, también "laminada". La disposición de las patas de la mesa permite albergar seis sillas sin que ninguna de ellas moleste a las otras.

Una solución original para una mesa de finalidad puramente decorativa: utilizar dos columnas tubulares como patas de un tablero metálico redondo ligeramente inclinado para no romper la estética rompedora del resto de la vivienda.

1 Las mesas colocadas en el centro de la cocina permiten ahorrar espacio útil y evitar desplazamientos al estar situadas mucho más cerca de la zona de trabajo.

2 Las mesas ovaladas o de ángulos redondeados resultan menos agresivas visualmente que las de ángulos afilados, aunque también suelen tener una personalidad más marcada que condiciona la decoración.

3 Esta mesa parece flotar en el espacio merced a un original (y casi invisible) sistema de anclaje. A la vista el resultado es realmente espectacular.

4 Contrastes radicales: una cocina de líneas vanguardistas, minimalistas, y una mesa de formas irregulares que imita el tronco de un árbol laminado, con un tablero de superficie reflectante.

5 Una mesa que se ancla en uno de sus extremos a la pared del pasaplatos, permite ahorrar trayectos desde la cocina al comedor y viceversa.

6 El tablero de esta mesa multiusos, que se apoya en uno de sus extremos en un mueble-estantería, ha sido recortado para encajar en él el sofá del comedor, convirtiéndose así en el eje central de la estancia.

7 Las mesas con ruedas resultan mucho más cómodas de trasladar que las convencionales. Por eso son adecuadas para espacios jóvenes o lofts urbanos, frecuentemente redistribuidos.

8 Las mesas de plástico blanco resultan estéticamente innovadoras precisamente por su rareza frente a las más convencionales mesas de madera o de materiales como el aluminio o el vidrio.

9 Las mesas de cristal o de plástico transparente aligeran visualmente el espacio y resultan adecuadas para espacios con poca iluminación natural.

10 Para conseguir dotar de una atmósfera minimalista un espacio cualquiera, nada mejor que recurrir a materiales y colores fríos, como el plástico blanco.

Si el tablero de la mesa es del mismo material y del mismo tono que el escogido para el pavimento, el efecto visual será armónico y elegante. También se utiliza este truco, que tiende a "difuminar" la mesa, para aligerar visualmente ésta cuando es demasiado voluminosa.

Si la estancia es pequeña, de techos bajos o tiene poca iluminación, la mesa (la mesita, en este caso) debería situarse, junto con la butaca, en la zona mejor iluminada, generalmente la situada bajo la ventana.

MESAS DE CENTRO

Las mesas de centro reciben este nombre porque suelen colocarse en el centro de un espacio cuyas "paredes" están generalmente formadas por sofás. Ese espacio suele considerarse como un ambiente independiente dentro de la estancia en la que se encuentra.

Las mesitas de centro funcionan la mayor parte de las veces como repisa para elementos decorativos o coffee table books, aunque también pueden utilizarse para comidas informales colocando un par de cojines a su alrededor.

Una mesa que rompa con la gama de colores de la estancia, en este caso el azul frente a colores blancos y maderas, hará que el espacio que ocupa destaque entre los demás muebles.

Las mesas de centro no tienen por qué ser bajas. En este caso se ha utilizado como mesa de centro una original mesa de tablero circular y patas curvas de altura media, similar a la de una mesilla de noche.

Un ejemplo de mesa de centro puramente decorativa. Colocar algún objeto ornamental sobre ella sólo le restaría protagonismo: colocar dos elementos de fuerte personalidad uno junto a otro suele dar malos resultados.

Una mesita de centro formada por cuatro módulos independientes permitirá modificar su disposición para ampliar o reducir los límites de la zona en la que se encuentra. Es una solución flexible y moderna.

1 Las mesas de una sola pata de base ancha resultan más ligeras visualmente que las de tres o cuatro patas.

2 El llamativo color azul turquesa de esta mesita combina a la perfección con las sillas que la rodean y con la foto que recubre la pared del fondo y que reproduce un paisaje de playa.

3 Dos mesas de centro exactamente iguales permiten dividir si se desea el espacio de la sala de estar en dos. Es una solución ideal para espacios amplios y por los que pasan muchas personas simultáneamente

4 Algunos muebles rompen la tradicional frontera entre mesas y butacas, como es el caso de la pieza de la imagen, que puede funcionar como mesa de centro pero también como butaca de estética contemporánea.

5 En los espacios minimalistas el peso visual de los muebles es mucho mayor que en los espacios convencionales. De ahí la importancia de tener mucho cuidado en la elección del mobiliario: todos los elementos han de encajar y no hacer chirriar el conjunto final.

6 Esta mesa de centro formada por tres bandejas circulares independientes aporta dinamismo y funciona casi como si se tratara de una pequeña librería en la que los estantes han sido situados a diferente altura.

7 Esta original mesa de centro formada por pesados bloques de madera se ha convertido sin discusión alguna en el centro visual del salón de esta vivienda. Los bloques pueden trasladarse, modificando a voluntad la forma de la mesa.

8 Dos mesas rectangulares colocadas en paralelo formarán un conjunto cuadrado y podrán ser reubicadas en función de las necesidades.

9 Una llamativa mesa de centro en forma de A recostada se integra a la perfección en el ambiente minimalista de esta estancia.

10 Esta original mesa de centro armoniza perfectamente con los sofás que la rodean gracias al cojín colocado sobre ella, que le permite además funcionar también como butaca auxiliar.

Si no queremos recargar aún más una estancia de estilo clásico, deberíamos optar por una mesa de líneas simples y color neutro (blanco, negro y todas las tonalidades del gris y el marrón).

Una mesa de centro con ruedas resulta cómoda y flexible. Además, facilita la limpieza, aunque no deben situarse sobre ella elementos inestables a no ser que las ruedas dispongan de freno.

CAMAS

Una repisa de 20 centímetros que recorre el perímetro en la estructura de la cama, junto al colchón, puede funcionar perfectamente como estantería para libros, lámparas u otros elementos decorativos. Es decir, en la práctica se trataría de una mesita de noche anexa.

Los faldones laterales del canapé pueden llegar hasta el suelo o elevarse unos centímetros por encima de él. En el primer caso no permitirán guardar ningún cajón bajo ellos, pero le darán un mayor empaque visual a la cama.

Muchas estructuras de cama incorporan un par o más cajones para el almacenamiento de ropa, complementos o cualesquiera otros objetos. Suelen montarse sobre ruedas y tienen la ventaja de que aprovechan al máximo la profundidad y la anchura de la cama.

Una estantería recortada en el cabezal de la cama permitirá albergar en ella una o varias luminarias en sustitución de la más tradicional lámpara de mesita de noche. El color anaranjado de la estantería aporta un contraste colorista al sobrio estilo nórdico de la habitación.

Colocar la cama en diagonal, sin ningún otro elemento de mobiliario a su lado, la convertirá en el elemento central de la habitación en la que se encuentre. Es una opción viable en el caso de optar por una cama de un diseño tan heterodoxo como la de la foto.

Una mesita de noche con ruedas puede ser desplazada tan lejos o tan cerca de la cama como se quiera. En algunos casos, como en éste, la mesita de noche puede ser "encajada" en el canapé de la cama para poder así funcionar como mesa de desayuno.

Las sábanas, los cojines y las telas escogidas para esta cama aportan colorido un dormitorio monocromático. Sobre un fondo blanco, cualquier nota de color adoptará una relevancia superior.

Combinar maderas de distintas tonalidades es otra opción recurrente. El resultado será cálido y conferirá al espacio una atmósfera de naturalidad, aunque conviene equilibrar un posible exceso de madera con elementos de otros materiales, como por ejemplo el aluminio o el vidrio.

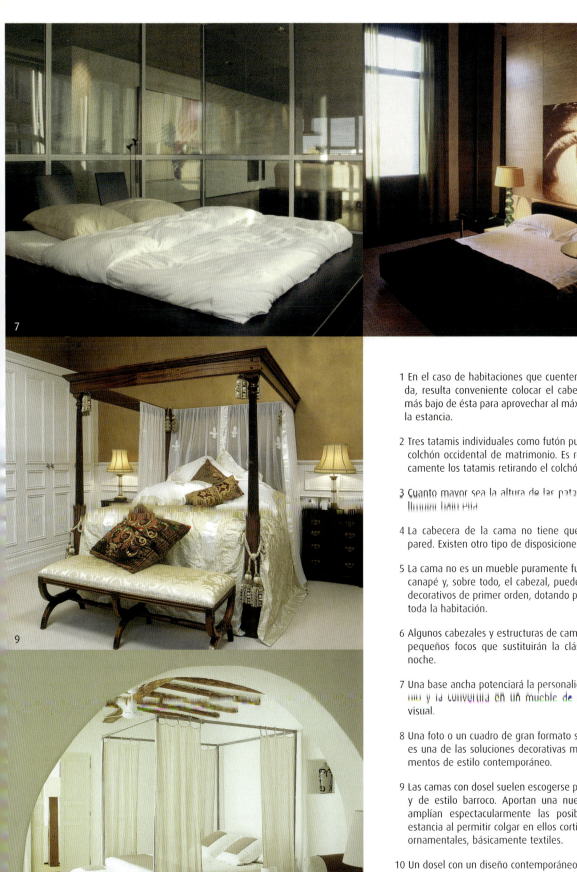

1 En el caso de habitaciones que cuenten con una pared abuhardillada, resulta conveniente colocar el cabezal de la cama en el punto más bajo de ésta para aprovechar al máximo la altura en el centro de la estancia.

2 Tres tatamis individuales como futón pueden servir de base para un colchón occidental de matrimonio. Es recomendable airear periódicamente los tatamis retirando el colchón durante algunas horas.

3 Cuanto mayor sea la altura de las patas de la cama, más fácil será limpiar bajo ella.

4 La cabecera de la cama no tiene que apoyarse siempre en una pared. Existen otro tipo de disposiciones perfectamente prácticas.

5 La cama no es un mueble puramente funcional. La ropa de cama, el canapé y, sobre todo, el cabezal, pueden convertirse en elementos decorativos de primer orden, dotando por sí solos de personalidad a toda la habitación.

6 Algunos cabezales y estructuras de cama permiten albergar en ellos pequeños focos que sustituirán la clásica lámpara de mesilla de noche.

7 Una base ancha potenciará la personalidad de la cama de matrimonio y la convertirá en un mueble de mucha mayor contundencia visual.

8 Una foto o un cuadro de gran formato sobre la cabecera de la cama es una de las soluciones decorativas más habituales en los apartamentos de estilo contemporáneo.

9 Las camas con dosel suelen escogerse para dormitorios tradicionales y de estilo barroco. Aportan una nueva dimensión al espacio y amplían espectacularmente las posibilidades decorativas de la estancia al permitir colgar en ellos cortinas, telas y otros elementos ornamentales, básicamente textiles.

10 Un dosel con un diseño contemporáneo, de líneas rectas y fabricado en aluminio es una alternativa heterodoxa y romántica a las camas tradicionales.

Una estructura similar a un dosel pero de apenas unos centímetros de profundidad permite rodear la parte del cabezal de las dos camas individuales con una cortina estampada de aire provenzal.

La ruda estructura de madera de esta cama doble, similar a la de un palet de carga, contrasta fuertemente con las telas y los cojines con motivos florales escogidos para los dos gruesos colchones individuales. El efecto es chocante y original.

Las telas vaporosas y semi-gruesas tienen una caída perfecta y resultan más decorativas y naturales que las telas con una caída a plomo o las telas excesivamente gruesas o rígidas. De ahí que resulten ideales para los doseles modernos.

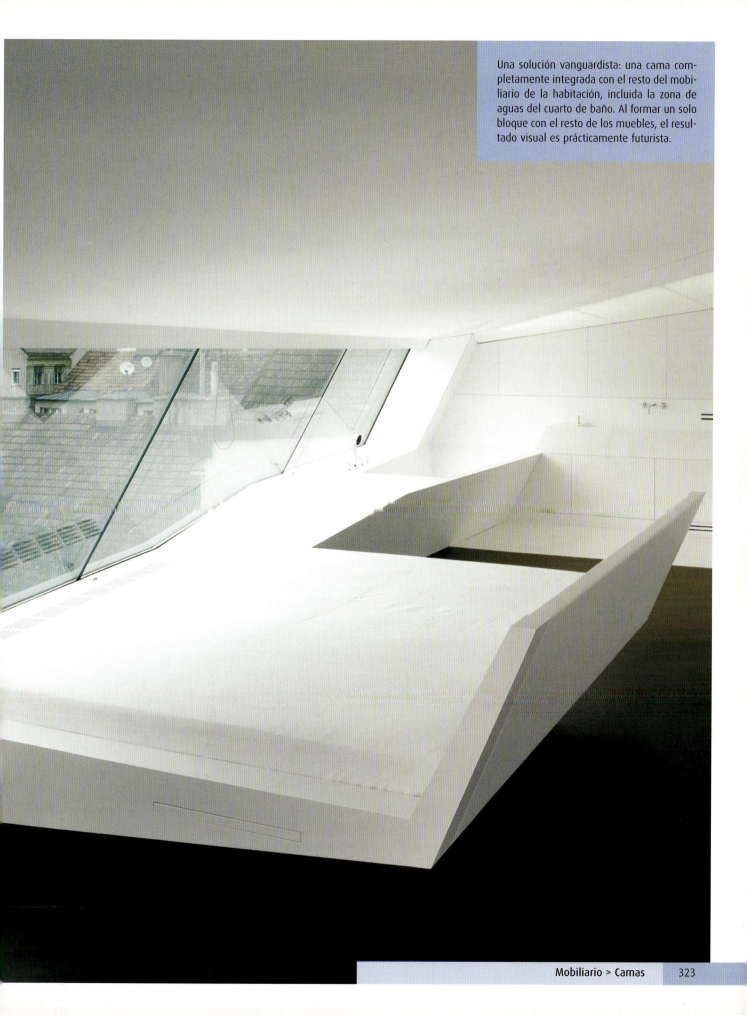

Una solución vanguardista: una cama completamente integrada con el resto del mobiliario de la habitación, incluida la zona de aguas del cuarto de baño. Al formar un solo bloque con el resto de los muebles, el resultado visual es prácticamente futurista.

ARMARIOS

Pintar molduras falsas sobre las puertas del armario es una opción decorativa divertida y atrevida. En este caso el dibujo es deliberadamente naif y no pretende imitar fielmente una moldura, sino simplemente aportar un detalle colorista a la estancia.

Los armarios colgados permiten ahorrar espacio, aunque debe conocerse muy bien cuál es la resistencia del material con el que se ha revestido la pared, o de la pared misma, antes de colgar de ella un elemento de peso como éste.

La franja inferior de madera introduce un elemento de un fuerte potencial decorativo en una estancia diáfana.

Dos son los tipos de puerta más utilizados en los armarios domésticos: las puertas convencionales (batientes) y las correderas. Las primeras dejan a la vista el interior del armario pero necesitan de espacio frente a ellas para poder abrirlas. Las segundas necesitan menos espacio pero restan visibilidad en el interior del armario.

La combinación de dos tipos de puertas distintas, una de ellas situada en el lateral, permite aprovechar al máximo la capacidad de este armario.

Una alternativa a los tradicionales armarios cerrados son los armarios abiertos. El de la imagen es una variante del burro que puede verse en las tiendas de ropa y del que se cuelgan las prendas a la venta.

Cuanto mayor sea la variedad de módulos, cajones y espacios de un armario, más provecho sacaremos de él. Una distribución meditada del interior del armario permitirá ahorrar espacio y ganar capacidad de almacenaje.

Este tabique separador de madera de unos 30 centímetros de grosor funciona también como armario. Sus puertas son abatibles porque, en este caso, permiten ganar espacio en su interior.

La combinación de armarios cerrados y librerías abiertas en un mismo elemento resulta estéticamente impecable.

1 Este llamativo armario cuenta con pequeños estantes en los que se pueden guardar objetos de tamaño reducido.

2 Este armario es en realidad una librería que queda oculta cuando se cierran sus puertas plegables.

3 Ocultar el televisor en un armario puede ser una buena idea si no queremos tenerlo a la vista las 24 horas del día.

4 La discreta presencia de este armario empotrado cede todo el protagonismo a la silla Hill House y a otros elementos decorativos de la vivienda.

5 Una combinación de módulos cerrados y abiertos puede resultar ideal para aquellos que desean contar con un mueble de almacenamiento que sea también una estantería para elementos decorativos.

6 Los armarios a medida pueden encajar en prácticamente cualquier rincón de la vivienda, lo que nos hará ganar espacio. Su inconveniente es que resultan más caros que los convencionales.

7 Un pequeño armario como el de la imagen puede reposar sobre una mesa de centro, convirtiéndose en la práctica en un elemento decorativo más, similar a un jarrón florero.

8 Las originales puertas translúcidas de este armario permiten aligerar su peso visual, ocultando levemente, no por completo, su contenido.

9 Los armarios empotrados tienen un impacto visual mínimo y permiten aprovechar al máximo el espacio disponible.

10 Un ejemplo de "armario" abierto: una barra colgada del armario superior actúa como burro.

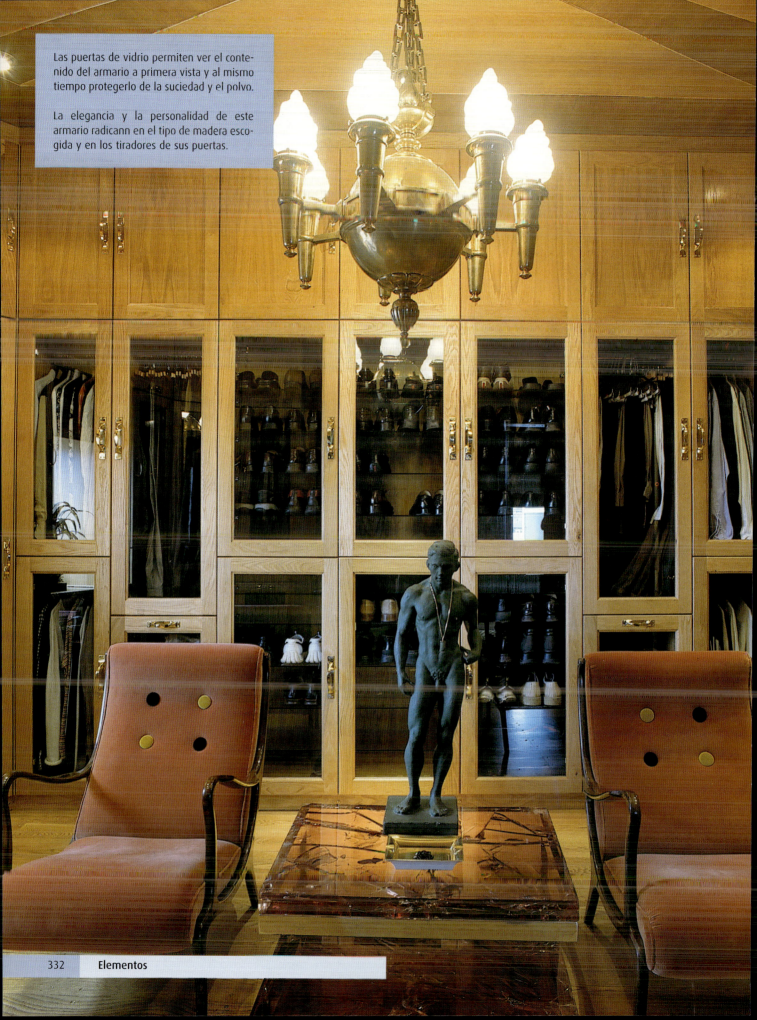

Las puertas de vidrio permiten ver el contenido del armario a primera vista y al mismo tiempo protegerlo de la suciedad y el polvo.

La elegancia y la personalidad de este armario radicann en el tipo de madera escogida y en los tiradores de sus puertas.

Las molduras son un recurso tradicional de la carpintería decorativa que produce modulaciones de la luz en el mueble en el que han sido talladas. Son típicas de los muebles clásicos.

Si queremos disimular la presencia de un armario, la mejor opción consiste en pintarlo del mismo color que la pared sobre la que se apoya o el suelo de la estancia en la que ha sido colocado.

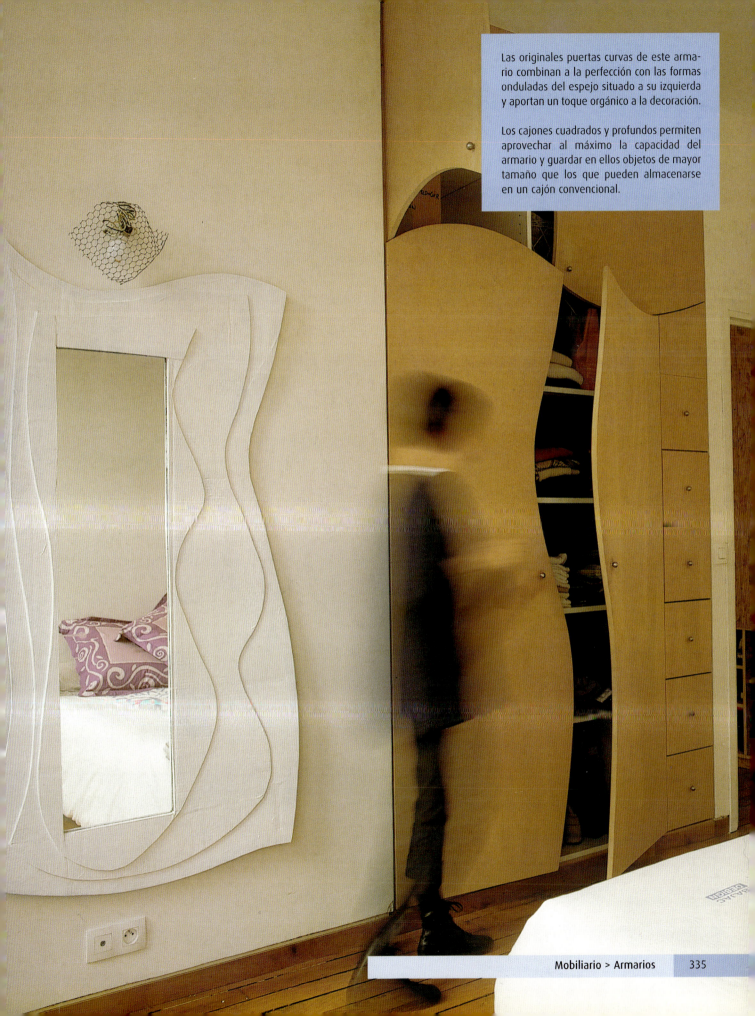

Las originales puertas curvas de este armario combinan a la perfección con las formas onduladas del espejo situado a su izquierda y aportan un toque orgánico a la decoración.

Los cajones cuadrados y profundos permiten aprovechar al máximo la capacidad del armario y guardar en ellos objetos de mayor tamaño que los que pueden almacenarse en un cajón convencional.

ESTANTERÍAS

Las librerías o estanterías con traseras son más seguras y estables que las que carecen de ellas, aunque pesan visualmente más, por lo que condicionarán en mayor medida la decoración del espacio en el que se encuentren.

Un sistema de librería a medida puede adaptarse a cualquier rincón de la estancia. El acceso a las estanterías superiores puede solventarse por medio de una escalera deslizante.

Las librerías empotradas en los huecos de los muros de una vivienda permiten ahorrar espacio. Pintarlas del mismo color que la pared en la que se encuentran empotradas cederá todo el protagonismo visual a los libros o los elementos que coloquemos en ella.

> El grosor de las estanterías y su longitud dependerá de cuánto peso queramos colocar sobre ellas: a mayor peso, más grosor y menor longitud de balda.

Las estanterías de obra o de Pladur permiten obtener un espacio de almacenamiento extra en rincones de difícil acceso o de dimensiones.

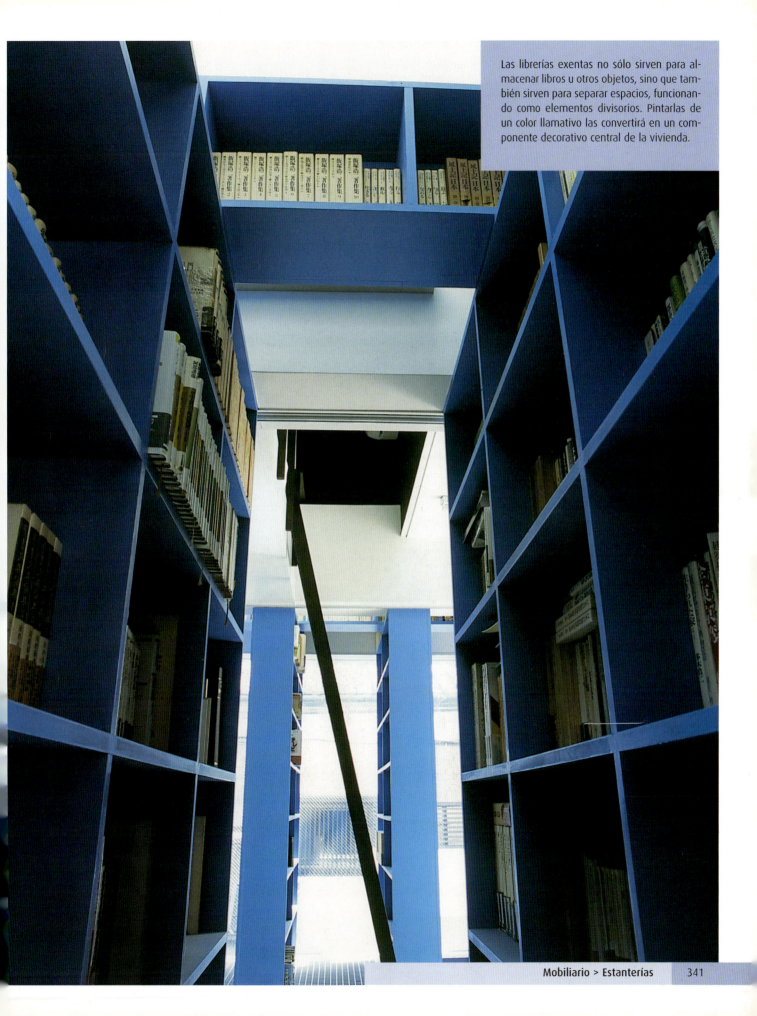

Las librerías exentas no sólo sirven para almacenar libros u otros objetos, sino que también sirven para separar espacios, funcionando como elementos divisorios. Pintarlas de un color llamativo las convertirá en un componente decorativo central de la vivienda.

1 Para tener una idea de la cantidad de metros de estanterías que serán necesarios se suele multiplicar el número de libros aproximado que se quieren colocar en ellas por un grosor medio. Conviene añadir un par de metros más porque el número de libros tenderá siempre a crecer más que a disminuir.

2 Las estanterías clásicas de madera son muy elegantes y visualmente poderosas, aunque poco flexibles y adaptables, por lo que resultan más decorativas que prácticas.

3 Los elementos decorativos destacarán mucho más si los colocamos en una estantería situada bajo una ventana o una claraboya que la ilumine ampliamente.

4 Las estanterías de obra son típicas de las viviendas mediterráneas. Suelen tener una función casi exclusivamente decorativa, aunque su robustez las hace adecuadas para albergar objetos de mucho peso.

5 El grosor mínimo de una balda que va a soportar el peso de libros debería ser de entre 2,5 y 3 cm.

6 Las estanterías deben estar iluminadas de forma uniforme y sin que queden puntos oscuros para poder localizar rápidamente lo que se busca en ellas.

7 Si hemos de colocar una lámpara en una estantería, resulta conveniente situarla en los estantes inferiores, que son los que suelen recibir menos luz natural.

8 El espacio muerto que queda bajo una escalera es el rincón ideal para colocar una librería a medida, de la profundidad que queramos, aunque con más de 40 centímetros de fondo suele resultar incómoda.

9 Un pequeño hueco en el mueble separador ha permitido instalar en él una estantería de cristal muy ligera visualmente.

10 El espacio libre que quedaba entre la parte superior del armario y el techo se ha aprovechado para instalar una estantería de módulos cúbicos.

MUEBLES DE TERRAZA

La combinación de sillas de plástico y mesa de madera traslada a la terraza de esta vivienda la tradicional dicotomía entre lo antiguo y lo moderno, habitual en los interiores contemporáneos.

Dos originales tumbonas de láminas de madera contrastan de forma radical con la fachada revestida de láminas metálicas de esta vivienda de estética vanguardista.

En este pequeño apartamento de Miami cercano a la playa se ha optado por construir un banco de madera encajado entre la pared, pintada de una llamativa tonalidad verdosa, y la barandilla. Unos cojines cubren el banco y lo convierten en un auténtico sofá de exteriores.

Un ejercicio de contraste radical: una terraza de estética rústica pavimentada con láminas de madera y una mesa y unas sillas de estética pop fabricadas en metacrilato blanco y aluminio.

Una valla de cañas trenzadas oculta a la vista de los vecinos la terraza de este apartamento urbano. Las plantas confieren calidez al espacio y las macetas se convierten en un elemento decorativo más.

El hierro y las maderas tropicales son dos de los materiales más adecuados para el mobiliario de exteriores, gracias a su alta resistencia a la humedad y las inclemencias climáticas.

Cuatro butacas con sus correspondientes reposapiés y dos mecedoras conforman el mobiliario necesario para configurar un idílico y relajante espacio de descanso bajo el porche de esta casa de dos plantas.

Una combinación de banco y sillas resultará más flexible que optar exclusivamente por un par de bancos o media docena de sillas.

Mobiliario > Muebles de terraza

352 Elementos

1 Los muebles de mimbre son otro de los clásicos en las terrazas. Su estética resulta cálida y acogedora.

2 Dos simples sillas de exterior y una mesita baja pueden ser suficientes para crear, prácticamente de la nada, un rincón de descanso acogedor.

3 Instalar el sofá de exterior bajo el balcón de la planta superior de la vivienda permitirá protegerse de los rayos del sol.

4 Esta chimenea exterior permite reunirse a su alrededor cuando las temperaturas no son todo lo cálidas que sería deseable. Una mesa de centro, un par de butacas y un sofá acaban de completar un agradable espacio de reunión.

5 Combinar macetas pequeñas con otras de gran tamaño le dará vida a nuestra terraza y evitará la sensación de estar ante un espacio "prefabricado".

6 La peculiar estructura de esta terraza, una puesta al día del tradicional atrio romano, permite la instalación de una hamaca que cuelga por uno de sus extremos del tronco de un árbol frutal.

7 Los originales doseles de los bancos de mimbre de esta terraza le confieren un aire romántico y decididamente bohemio. La sedosa caída de la tela del dosel contribuye a ese efecto.

8 Una alternativa original a las típicas mesas de madera de exterior: una mesa (o dos pegadas) de gran tamaño fabricada con aluminio.

9 La vegetación es la protagonista de esta terraza con vistas al mar. Cuando se disfruta de un entorno natural como éste, resulta buena idea no recargar demasiado el espacio con otros elementos que no sean la vegetación circundante.

10 Unos cuantos cojines de quita y pon pueden convertir un simple escalón en un sofá de exterior de gran tamaño.

La madera de teka es uno de los materiales más utilizados para el mobiliario de exteriores. Su color oscuro y su textura elegante son dos de sus puntos fuertes.

Las formas curvas de la estructura de estas dos tumbonas resultan menos duras visualmente que las líneas rectas y contundentes de otro tipo de mobiliario y transmiten la idea de relajación y descanso que el espacio propicia.

ALFOMBRAS

Rudas y naturales, de fino trenzado y elegantes: existen centenares de modelos de alfombras distintas en el mercado. Como regla general, una alfombra dotará de personalidad a un espacio y servirá para delimitar distintas zonas de una misma estancia.

Una original y desenfadada alfombra peluda aportará un toque divertido a una estancia fría decorada con colores neutros. En este caso, además, la alfombra delimita la zona de sala de estar, en la que se integran dos sofás y dos mesas de centro de distintas alturas.

1 Una alfombra que abarque más del 80 o el 90% del suelo de la estancia en la que se encuentre adoptará la personalidad y producirá el mismo efecto que cualquier otro pavimento blando, pero facilitará la limpieza de la habitación.

2 Una alfombra estampada con aros blancos sobre fondo negro encajará a la perfección en una estancia decorada en blanco y negro, reforzando la sensación de damero visual.

3 En este caso son los detalles de los elementos decorativos los que dan dinamismo a un espacio frío y de líneas puras: la caída de la cortina, el motivo eléctrico de la alfombra y la escultura sobre la repisa.

4 Una alfombra de color pastel con predominio del amarillo dotará a la habitación de armonía y calidez. Además, en este caso, contrasta visualmente con el tono oscuro de la madera del pavimento, provocando un elegante efecto de ampliación óptica del espacio.

5 Los interiores eclécticos, en los que se han mezclado muebles de estéticas radicalmente distintas, son el marco perfecto para los diseños de alfombra más coloristas y extremados.

6 En el caso de esta sala de estar de inspiración rústica se ha buscado la armonía de los materiales y los colores. La madera de la mesa de centro, el material de la alfombra y el de las butacas parecen visualmente el mismo. El efecto es de compenetración total de los elementos decorativos y funcionales.

7 Las alfombras policromáticas insertas en un espacio decorado en tonos neutros delimitarán radicalmente el espacio que ocupan. En este caso, la zona dedicada a sala de estar.

8 Los topos son una opción estética radicalmente juvenil, capaz de insuflarle vida al espacio más anodino.

9 Los esquemas neutros actúan como lienzo de fondo sobre el que destacarán los elementos de colorido sobre los que nosotros deseemos que se centre la vista. En este caso, los motivos ornamentales de la elegante alfombra que da entrada al dormitorio.

10 Una alfombra de estampado divertido aportará personalidad a un espacio de paso con poco carácter como el pasillo de esta vivienda de estilo contemporáneo.

Complementos > Alfombras

Las alfombras como ésta, formadas por piezas de tela de distintos colores y formas irregulares, resultan adecuadas para espacios en los que no se busca la pureza de líneas. El efecto visual es de desorden, de imprevisibilidad, de espacio dinámico y en constante transformación.

Una alfombra de tonos violetas y un sofá amarillo con cojines anaranjados dotan de colorido a un espacio decorado en tonos neutros y a partir de materiales naturales.

En un espacio en el que no se busca la armonía, sino el contraste radical, una alfombra puede convertirse fácilmente en un elemento decorativo de peso. En este caso, los colores rojo, blanco y negro de la alfombra rompen con las tonalidades de los paneles de plástico del tabique del fondo.

Las coloridas alfombras de motivos étnicos son adecuadas para espacios de atmósfera bohemia. En este caso, la alfombra se ha convertido en una réplica visual de los libros de la librería del fondo.

1. Las alfombras de formas poco convencionales, como por ejemplo en forma de corazón, resultan adecuadas para espacios juveniles y desenfadados.

2. Los tapizados a franjas y las alfombras con motivos florales, generalmente de color morado, resultan adecuadas para interiores clásicos, provenzales o de estilo inglés.

3. Dos cojines de colores sobre la alfombra proporcionarán calidez al espacio y lo convertirán como por arte de magia en un espacio de reunión.

4. En este caso la alfombra, del mismo color que las sillas, el sofá y la mesa, dota de continuidad y ritmo visual al espacio.

5. Una alfombra con reborde reforzará su presencia y delimitará aún más contundentemente el espacio, rompiendo toda sensación de continuidad visual entre ella y el pavimento.

6. Las tres pequeñas alfombras de este salón de estar clásico funcionan como guías visuales marcando las distintas zonas en las que se divide el espacio. La alfombra central marca tanto la frontera entre uno y otro espacio como el "pasillo" de entrada y salida de la estancia.

7. Las alfombras peludas resultan adecuadas para espacios contemporáneos a los que se quiera dar un toque irreverente y juvenil.

8. Los materiales rugosos como la rafia o la fibra de coco son menos flexibles que otro tipo de tejidos, aunque también más resistentes. Aportarán una nota de contundencia en ambientes contemporáneos.

9. Las alfombras pueden convertirse, según los gustos del propietario, en elementos armónicos o disarmónicos. En este caso se ha optado por el contraste entre la estética ruda del los revestimientos y el colorido de la alfombra.

10. Las alfombras son uno de los elementos más útiles a los que podemos recurrir si lo que pretendemos es optar por la mezcla de estéticas debido a su gran variedad de colores, diseños, formas y materiales.

Complementos > Alfombras

COJINES

Los cojines son uno de los elementos decorativos más cálidos. Un puñado de cojines de distintos colores y tamaños resultarán siempre acogedores e invitarán al descanso y la relajación.

Los típicos cojines indonesios formados (generalmente) por cinco cilindros cosidos entre ellos son cada vez más habituales en los interiores modernos.

Unos cuantos cojines en el suelo pueden ser una buena alternativa a los tradicionales butacones o sillones. Resultan más discretos y son mucho más flexibles: si no se requiere su uso, pueden guardarse rápidamente en cualquier otro lugar.

En esta vivienda decorada a partir de una paleta de colores neutros se ha reservado el color para los cojines, que son los encargados de introducir un contrapunto cálido a la frialdad de la estancia.

Los cojines no sólo se diferencian por su color o sus estampados: las telas, los acabados, las formas, su dureza o las texturas también introducen un contrapunto.

Cuanto mayor sea el grosor de la tela del cojín, más sensación de robustez transmitirá éste. Los tejidos de algodón son los más habituales, aunque el terciopelo o el lino también son muy populares.

Los cojines resultan mas cómodos de lavar si el relleno y la funda son independientes y pueden ser separados sin problemas.

Los divertidos nudos de este cojín introducen un contraste orgánico en un salón de estar de líneas puras y atmósfera completamente aséptica.

Elementos

1 Unos cuantos cojines de estampados diferentes aportan una nota de color desenfada a este loft de aspecto industrial cuyo pavimento original pedía la combinación con un elemento que aligerara el espacio.

2 Los estampados y bordados de estilo étnico se han popularizado espectacularmente durante los últimos años. Se suelen encontrar en viviendas de estilo moderno y bohemio, aunque resultan adecuados para prácticamente cualquier estilo contemporáneo.

3 Los pequeños cojines de la imagen actúan como elementos decorativos debido a su pequeño tamaño, asemejándose a caramelos desperdigados en los tres bancos con ruedas del centro de la estancia.

4 La combinación de distintos tonos del mismo color, en este caso el marrón, hará que los cojines contribuyan a crear un ambiente realmente acogedor.

5 Los cojines de colores intensos resultan muy recomendables para avivar el aspecto de sillones tapizados en blanco o con colores neutros.

6 Antes de optar por un tejido de características especiales como el de la imagen debería valorarse muy detenidamente si va a adecuarse al estilo decorativo que pretendemos para nuestra vivienda.

7 Combinar cojines de telas y colores diferentes puede ser una buena manera de amenizar visualmente una habitación demasiado seria.

8 En sofás de mucha profundidad, colocar dos o más cojines superpuestos permite muchas combinaciones distintas, así como jugar con el color y las texturas.

9 Sólo son necesarios un puñado de cojines para crear en apenas un instante una relajante zona de descanso en el jardín en la que tomar el té.

10 Colocar la misma combinación de cojines distintos a cada extremo de un sofá le aporta una simetría realmente atractiva.

Complementos > Cojines

ESPEJOS

Dos espejos apoyados de forma simétrica sobre una repisa se convierten en elementos decorativos similares a un cuadro. El color del marco es el mismo que el de la pared para dar sensación de continuidad visual al espacio.

Es importante colocar los espejos en el lugar adecuado si se quiere que ayuden a ampliar visualmente el espacio. En un pasillo poco iluminado su efecto será menor que en un espacio abierto y luminoso.

1 Un espejo puede funcionar exactamente igual que una escultura o un lienzo. En algunos casos, su importancia es incluso mayor que la de esos elementos.

2 Los espejos en los cuartos de baño ayudan a ampliar visualmente el espacio, frecuentemente de dimensiones reducidas.

3 Los espejos instalados cerca de la bañera aumentarán la sensación de espacio pero requerirán de un mantenimiento continuado que evite las manchas de cal.

4 Un espejo colocado sobre una superficie ajedrezada y que refleje una pared pavimentada de la misma manera provocará un efecto visual juguetón y divertido.

5 Aparte de su obvia finalidad práctica, los espejos son elementos decorativos de primer orden. Además, dotan de sensación de amplitud al espacio y le confieren luminosidad.

6 Un espectacular mosaico de espejos de diferentes tamaños y formas convierte este cuarto de baño en una auténtica obra de arte. El suelo se ha pavimentado de la misma manera para conservar el ritmo decorativo.

7 Una opción original: un espejo en forma de luna menguante que "abraza" una ventana circular. A su lado, el pequeño espejo "desgajado" del mayor.

8 Algunos espejos pueden ser considerados auténticas obras de arte, y de ahí que cumplan una doble función.

9 Los espejos rectangulares colocados en vertical harán la estancia visualmente más alta. Colocados horizontalmente, la harán más larga.

10 Un marco de madera en el que se han tallado molduras resultará adecuado para interiores de inspiración rústica o provenzal.

Complementos > Espejos

Los espejos agrandan el espacio en el que se encuentran, aunque ese efecto se reduce si el espejo tiene marco. Cuanto más ancho sea el marco, menor será la sensación de amplitud que proporcione el espejo.

Los espejos funcionan como elementos decorativos: pueden pintarse o grabarse al ácido, entre muchos otros acabados y técnicas aplicables a ellos, para conseguir cualquier efecto que deseemos.

Unos marcos de considerable anchura y llamativo colorido proporcionan un detalle divertido a este cuarto de baño nórdico.

Los espejos deben colocarse frente a paredes o espacios decorados. Colocarlos frente a una pared blanca o vacía de elementos ornamentales es, además de inútil, contraproducente.

Los espejos colgados sobre el lavabo del cuarto de baño deben estar iluminados de forma uniforme para evitar zonas de sombra en la cara.

Un espejo colocado sobre la pared exterior de una bañera hará que el suelo frente a él parezca alargarse, por lo que resulta una solución original y adecuada para espacios pequeños.

Al espejo de gran tamaño de este cuarto de baño se le ha añadido un pequeño espejo de brazo articulado y de efecto lupa adecuado para tareas de precisión.

Un espejo colocado sobre una de las puertas del armario del cuarto de baño reducirá su peso visual y aligerará el espacio.

DETALLES NATURALES

Los detalles naturales aportan calidez a los espacios interiores. En este caso, un pequeño estanque interior en el que nadan algunos peces sustituye a las peceras convencionales.

Esta nave industrial reconvertida en loft cuenta en el centro del espacio con un rectángulo de apenas 6 metros cuadrados en el que crece una palmera, junto a una maceta en la que se ha plantado una especie de interior.

1 Tras el panel de vidrio translúcido azulado situado en el cabezal de la cama se han colocado unas cuantas macetas con plantas de interior de una altura considerable. El efecto es extraordinariamente llamativo.

2 Los emparrados protegen del sol y al mismo tiempo ayudan a preservar la intimidad de los propietarios de la vivienda, de ahí que su uso esté cada vez más extendido en las terrazas urbanas.

3 Por definición, no existen plantas de interior, pero algunas especies de climas cálidos pueden adaptarse al interior de una vivienda si cuentan con la luz y el calor necesarios para su desarrollo.

4 Es fácil encontrar en el mercado hoy en día macetas de todas las formas, colores y tamaños, con diseños adecuados para todos los estilos decorativos imaginables.

5 Una opción elegante es la de plantar únicamente flores del mismo color en las macetas de la terraza para conseguir un conjunto bicromático con sólo algún que otro detalle de un color diferente.

6 Estas cañas, que parecen brotar del suelo del cuarto de baño y lo dotan de un atractivo espectacular, conjugan a la perfección con el colorido de la estancia.

7 Un pequeño jarrón como el de la imagen puede llegar a convertirse en un elemento decorativo de primer orden. Contar con un grupo de ellos resultará visualmente espectacular.

8 Los cuartos de baño suelen ser en su mayoría espacios fríos que deben ser equilibrados por medio de elementos decorativos cálidos, como cuadros, plantas u objetos banales sin mayor función que la puramente decorativa.

9 La exhuberancia de la vegetación de esta terraza la convierte en un pequeño oasis urbano, un pedazo de campo en la ciudad.

10 Para aportar calidez una habitación planificada en tonos fríos puede resultar una buena idea recurrir a unas pocas flores en jarrones de la misma tonalidad que las paredes o el resto de los elementos decorativos.

Complementos > Detalles naturales

En una vivienda rodeada de vegetación, las plantas cumplirán la función de integrar el exterior y los espacios interiores.

Dos simples hojas en dos peculiares jarrones blancos son el único detalle de color en esta elegante vivienda de tonos neutros y materiales tradicionales.

Complementos > Detalles naturales

Un pequeño canal en el que floten algunas flores como el de la imagen borrará las fronteras entre interior y exterior de la vivienda, aportando un aire de sofisticado relax zen a la estancia.

Una obra artística como la de la imagen, formada por piedras de distintas texturas y tamaños y por una composición de ramas secas sobre un bloque de madera, aportará calidez y se convertirá fácilmente en el centro de atención de la habitación.

Una jarra de aluminio pintado de blanco con flores como la de la imagen es un detalle decorativo que se asocia rápidamente con las viviendas de estilo rústico o campestre.

Elementos

En ocasiones, una simple flor en un jarrón de diseño contemporáneo resulta mucho más llamativa que el más espectacular ramo. El secreto radica en saber jugar con los contrastes de colores y formas.

Complementos > Detalles naturales

396 Elementos

1 En esta vivienda se ha construido una pecera de obra en la pared que separa el comedor del resto de estancias de la casa. La pecera se convierte así en un cuadro "vivo".

2 Un grupo de cinco o seis pequeñas macetas en las que se hayan plantado flores de distintos colores aportará ritmo visual y un detalle simpático en la ventana del comedor.

3 Una original manera de aprovechar un rincón muerto en la estructura de la casa, convertido aquí en pequeño jardín: abrirlo al interior por medio de paredes de vidrio.

4 La atractiva mezcla de plantas acuáticas y arbustos de esta terraza es su principal atractivo. Las flores aportan colorido y equilibran un posible exceso de verde.

5 El ramo de flores en el centro de la mesa de comedor encuentra su réplica en el ramo al fondo de la imagen, equilibrando el conjunto decorativo.

6 En este caso se ha reforzado la personalidad de la estancia "verde" de la vivienda mediante un revestimiento blando que imita el césped. El resultado es original y chocante.

7 Una simple flor rompe con dramatismo la monolítica decoración pop de este comedor, demostrando que un simple detalle puede a veces tener más fuerza que el más gigantesco de los muebles.

8 Combinar jarrones de distintas formas, colores y tamaños con flores de variado colorido aportará dinamismo a la estancia y la convertirá en un espacio "vivo".

9 Los tonos cálidos amarillentos de esta vivienda encuentran su réplica en los tulipanes del mismo color que dominan la mesa de centro, en el salón de estar.

10 Las estancias muy frías pueden equilibrarse mediante un sencillo conjunto de jarrones, en los que, como aquí, se puede plantar césped.

Complementos > Detalles naturales

CHIMENEAS

Las chimeneas voladas son aquellas cuya base no está a ras del suelo, sino a cierta distancia de él. Aquí, a pesar de no estar en contacto con el suelo, la zona ha sido pavimentada con un material ignífugo, diferente al del resto de la estancia.

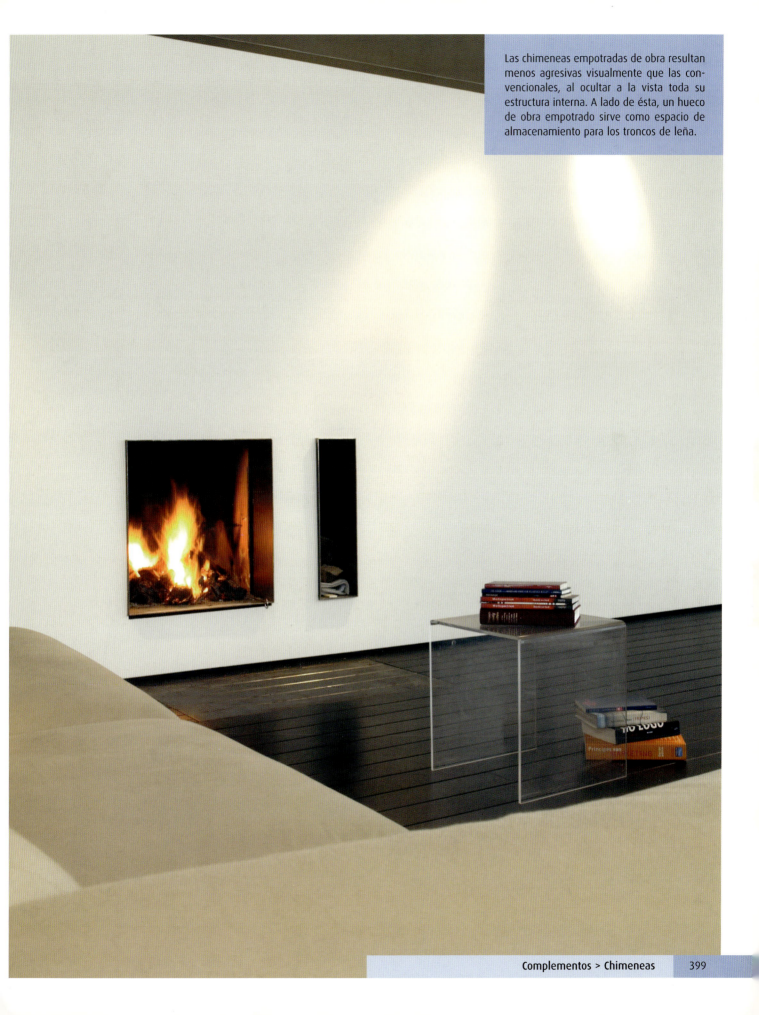

Las chimeneas empotradas de obra resultan menos agresivas visualmente que las convencionales, al ocultar a la vista toda su estructura interna. A lado de ésta, un hueco de obra empotrado sirve como espacio de almacenamiento para los troncos de leña.

Cuando la chimenea se ha instalado en el centro de la estancia, adquiere una relevancia decorativa mucho mayor. La distribución de los distintos elementos de la habitación ha de hacerse entonces en torno a ella.

Las chimeneas pueden situarse a ras del suelo o a media altura. Estas últimas resultan generalmente más cómodas, ya que no es preciso agacharse para tener que alimentarlas o limpiarlas.

1 En las salas de estar con chimenea la distribución del mobiliario suele organizarse en forma de U a su alrededor, prescindiendo de mesas de centro.

2 Algunas chimeneas cuentan con un espacio anexo que permite albergar la leña con la que va a ser alimentada. La visera de madera de la chimenea se convierte aquí en un elemento decorativo más actuando asimismo como estantería para objetos ornamentales.

3 Una estantería de cristal sobre el hogar permite colocar en ella algún elemento decorativo que atenúa la dureza de la estructura metálica de la chimenea.

4 La chimenea de la imagen tiene una doble personalidad: resulta contundente por un lado pero minimalista por el otro. En función de la decoración que la rodee adoptará uno u otro carácter.

5 Las chimeneas de las viviendas de estilo clásico cuentan con jambas y chambranas ricamente ornamentadas con molduras y grabados foliados.

6 Una chimenea cerrada, puramente decorativa, puede ser también una alternativa válida para interiores de estilo contemporáneo.

7 Muchas de las chimeneas modernas cuentan con tubos metálicos prefabricados que actúan como conductos de evacuación de humos. Suelen dejarse a la vista como un elemento ornamental más.

8 La ventana abierta a la derecha de la chimenea actúa de contrapunto y le confiere armonía al conjunto, evitando que se centre demasiado la atención en la parte baja de la pared.

9 Esta original chimenea volada ha disimulado por completo el cañón de la chimenea, integrándolo de forma magistral en la pared que la sostiene.

10 Esta original chimenea expuesta en una vitrina y similar a una pecera dota a la estancia de una peculiar personalidad.

Una espectacular y contundente pared de piedra alberga una chimenea empotrada construida sobre una repisa de unos 30 centímetros de altura. La repisa superior es una viga de madera que los propietarios de la vivienda han querido conservar.

Integrar elegantemente una chimenea en un espacio decorado en un estilo clásico no siempre resulta fácil. Pintar las jambas y el frontal de la chimenea del mismo color que la pared ayuda a integrarla suavemente.

Una tela de rejilla metálica cubre este hogar, que descansa sobre una repisa de piedras, y evita que salte alguna chispa al pavimento de madera que cubre el piso de la estancia.

Luz y Color

La combinación de una buena iluminación natural y un acertado uso de los colores suele dar como resultado una vivienda con una atmósfera cálida y amable. Evidentemente, la mejor luz es la natural, aunque resultará inevitable contar con varias fuentes de luz artificial, ya sea general o de detalle, para iluminar las áreas oscuras de nuestra vivienda. En cualquier caso, la regla básica es colocar los mínimos elementos posibles frente a las fuentes de luz natural para que ésta llegue a todos los rincones posibles. La luz natural, mucho más cálida que la artificial, hará que los colores de las paredes, los suelos y el mobiliario adopten uno u otro tono, y por ende sugieran un distinto estado de ánimo a medida que avance el día. En general, los tonos claros, y muy especialmente el blanco, reflejarán la luz y harán que la vivienda parezca más amplia de lo que es en realidad. Los tonos oscuros absorben la luz y empequeñecen la habitación, aunque el resultado final dependerá de la combinación de tonos escogida (no es lo mismo una habitación con suelos de pizarra negra y paredes blancas que lo contrario). Dominar las distintas combinaciones de tonos y luminosidades hará que nuestra vivienda disfrute de diferentes atmósferas en función de nuestras necesidades o nuestro estado de ánimo.

Así como los contrastes de colores suele dar buenos resultados y conferir alegría a una estancia, los contrastes bruscos de intensidad lumínica resultan casi siempre molestos. Aunque es evidente que el área de trabajo, la cocina o el cuarto de baño han de contar con una iluminación más potente que la necesaria en otros espacios de la casa, resulta recomendable suavizar las transiciones para evitar que nuestros ojos se vean obligados a reenfocar constantemente y a adaptarse a esos diferentes niveles, lo que puede llegar incluso a provocar molestos dolores de cabeza. En cuanto a los colores, cada uno de ellos se asocia en general a un distinto estado de ánimo y optar por unos en detrimento de otros dependerá por completo de nuestras preferencias. Como introducción al tema, simplemente mencionaremos que los colores neutros, sobre todo el blanco, son los mejores cuando pretendemos crear un "lienzo" sobre el que colocar objetos de colores llamativos a los que deseamos conceder protagonismo. Por el contrario, los colores contundentes en suelos y paredes tienden a difuminar los objetos situados sobre ellos, a no ser que el contraste sea extraordinariamente brusco (un jarrón negro sobre una pared roja, por ejemplo).

Color

Colores cálidos	410
Colores fríos	422
Contraste/Complementariedad	432
Tonalidades y luminosidad	444
Paleta de colores	460

Luz

Iluminación parcial	468
Iluminación general	484
Luz natural	496

COLORES CÁLIDOS

Los colores cálidos son los amarillos, los rojos y los anaranjados. Aportan sensación de calidez y remiten a la luz de los rayos solares, de ahí su nombre.

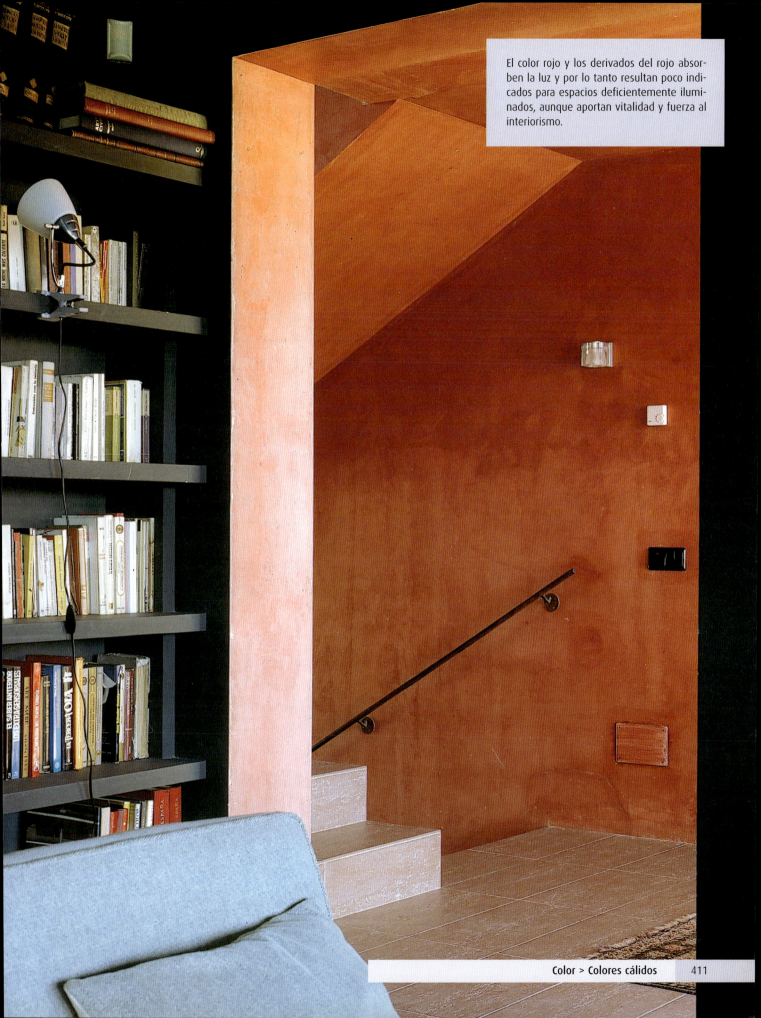

El color rojo y los derivados del rojo absorben la luz y por lo tanto resultan poco indicados para espacios deficientemente iluminados, aunque aportan vitalidad y fuerza al interiorismo.

El color rojo de los paneles deslizantes tiene su réplica en el tapizado amarillo y el color anaranjado de los cojines del sofá situado frente a ellos, lo que aporta equilibrio a la estancia.

Los colores análogos son aquellos que se sitúan en posiciones contiguas en el círculo cromático. Para decorar esta habitación infantil se ha recurrido a los colores análogos de las tonalidades más cálidas.

Color > Colores cálidos

414　Luz y Color

1 La luz natural amarilleará cualquier superficie sobre la que rebote, aunque evidentemente lo hará en mayor medida si ésta es de color cálido.

2 Los colores cálidos producen la sensación visual de "acercarse" al observador si se utilizan en superficies de amplio tamaño. Los colores fríos, en cambio, producen el efecto contrario.

3 El cálido color anaranjado de esta estancia equilibra el tono verdoso, más frío, de la habitación contigua.

4 El rosa es el color dominante escogido para esta habitación de ambiente juvenil. El tono neutro de la pared y el blanco del pavimento matizan la calidez del rosa y el lila.

5 Una alfombra de color rojo aportará calidez y nervio a una estancia en la que predominen los colores neutros.

6 La calidez del naranja de las sillas del comedor y el cuadro de la imagen combinan a la perfección con interiores con predominio del blanco.

7 Las combinaciones de violeta y morado suelen dar buenos resultados si se superponen a "lienzos" blancos o de colores cálidos.

8 Pintar el techo de color rojo y las paredes de color blanco hará que el primero parezca más alto. El efecto contrario se consigue pintando ambos elementos de forma inversa.

9 Las estancias muy amplias resultan frías, y de ahí que resulte una buena idea pintarlas con colores cálidos como el amarillo para hacerlas acogedoras.

10 Los colores cálidos en el cuarto de baño evitarán la incómoda sensación de frialdad que provocan los colores verdosos o azulados.

Los tonos cálidos de esta fotografía de un paisaje otoñal equilibran la frialdad de los muebles de aluminio situados frente a ella.

416 Luz y Color

La textura de las superficies y los revestimientos afecta a nuestra percepción del color. Las texturas lisas reflejan la luz, mientras que las rugosas lo absorben.

El color amarillo se asocia a los rayos del sol, provoca un efecto estimulante y, según se dice, incentiva la inteligencia. Es el más luminoso y matizado de los colores cálidos.

Decorar con franjas el zócalo de una pared es una apuesta decorativa radical y atrevida. Pintar la parte superior de la pared de un color análogo al de las franjas matizará y equilibrará el resultado visual final.

El color amarillo combina a la perfección con el azul porque se sitúa en la escala cromática muy cerca del naranja, su complementario. Se trata de una combinación clásica.

El marco oscuro del espejo introduce un contraste en este cuarto de baño decorado en cálidos tonos amarillos y blancos.

Color > Colores cálidos

COLORES FRÍOS

Los colores fríos (verdes, azules y violetas) son retrocedentes, es decir, dan al espectador sensación de distancia con respecto al objeto. Por ello se suelen utilizar en espacios que se desea agrandar visualmente.

El amarillo de matices verdosos es considerado también como un color frío. Cuanto más oscuro sea el tono de un color frío, mayor será su frialdad. De ahí que en ocasiones requieran de contrastes en forma de detalles de color cálidos o materiales naturales como la madera.

Los colores fríos en sus tonalidades más claras resultan levemente más cálidos que en sus tonalidades oscuras. Todos ellos transmiten serenidad, y de ahí que resulten adecuados para los dormitorios, por ejemplo.

Las rayas verticales harán que el espacio parezca más alto de lo que en realidad es. Si las rayas son de un color frío, el efecto se doblará.

Los colores fríos son también muy utilizados por los interioristas contemporáneos en los cuartos de baño por la sensación de calma y serenidad que transmiten.

Las opciones monocromáticas son apuestas seguras, aun cuando se elija combinar dos o tres tonalidades del mismo color. La luz natural aportará por ella misma matices distintos a ese color con el transcurrir de las horas del día.

Para dinamizar los esquemas monocromáticos fríos resulta recomendable recurrir a diferentes materiales y texturas. Las cortinas de seda o lino, las telas aterciopeladas para tapizar las sillas, las alfombras de algodón y, por supuesto, el pavimento de madera y de algunos muebles serán suficientes para atenuar el efecto monocromático.

Los tonos fríos no son necesariamente aburridos, como podría parecer a primera vista. Un simple detalle de color más claro (una alacena de color crema, en este caso) aportará contraste y dinamizará el espacio.

El azul eléctrico utilizado para pintar las paredes de este dormitorio ha sido equilibrado y reforzado en su frialdad: la ropa de cama blanca y la madera tienden a neutralizarlo, mientras que la manta morada lo acentúa.

El azul es un color relajante, y de ahí su uso en cuartos de baño. En sus tonalidades más claras, es decir, las que contienen más blanco, resulta mucho menos frío que en sus tonalidades oscuras. En este caso, las vigas de madera blancas también suavizan su frialdad.

CONTRASTE/COMPLEMENTARIEDAD

La diferencia en la tonalidad que puede observarse entre la puerta del fondo y la escalera en primer plano ilustra las diferencias que la luz natural (y también la artificial) provocan en un mismo color.

La combinación de blanco y azul remite de inmediato a una atmósfera mediterránea. Es una estética limpia y relajada, propia de viviendas tradicionales situadas en localidades costeras de clima templado en invierno y caluroso en verano.

434   Luz y Color

1 La frialdad de las tonalidades azuladas se ve potenciada por la presencia de materiales como el aluminio, el vidrio o el plástico.

2 Las tonalidades más oscuras de la madera pueden llegar a resultar frías si se las rodea de colores neutros como el blanco o el negro.

3 Los tonos azules transmiten calma y serenidad, y de ahí que resulten adecuados para espacios de inspiración zen o cercanos a la estética de los chill out.

4 El color verde en cualquiera de sus tonalidades, pero en especial en aquellas más cercanas al amarillo, en combinación con el blanco conferirá sensación de frescor a la estancia.

5 Si el espacio está correctamente iluminado, un tabique de un color muy frío como el violeta oscuro de la imagen puede combinar muy bien con el predominio del blanco. Así se logra romper visualmente el ambiente en baños de aspecto austero.

6 Los cromados y las superficies reflectantes típicas de las cocinas contemporáneas acentúan la sensación de frialdad de algunos colores, por lo que suelen equilibrarse mediante una potente iluminación.

7 Los tonos anaranjados más fríos resultan muy recomendables para refrescar interiores de predominio blanco a los que quiera acentuarse un ambiente de inspiración pop.

8 Los colores neutros como el gris, el blanco y el negro actúan como marco perfecto para las tonalidades frías.

9 Una meditada combinación de colores cálidos y fríos dotará al espacio de un equilibrio muy adecuado para conseguir atmósferas que se desean relajantes pero no aburridas.

10 Los tonos neutros blanquecinos y grisáceos son especialmente apreciados en los interiores minimalistas por su personalidad discreta y muy poco agresiva.

Una paleta de colores neutros potenciará fuertemente los detalles decorativos o los muebles de colores cálidos, y muy especialmente el rojo. Los materiales artificiales, como el plástico, potenciarán ese contraste, posiblemente el más radical que pueda darse.

La chimenea negra de la imagen cobra una relevancia inusitada en un entorno completamente blanco en el que prácticamente ningún elemento escapa al monocromatismo escogido para la estancia.

Color > Contraste/Complementariedad   437

La isla de aluminio y tablero blanco al fondo de la imagen se recorta sobre el lienzo negro de la pared situada tras ella. Los focos empotrados en el falso techo potencian ese contraste.

Color > Contraste/Complementariedad

El azul y el morado, dos colores fríos, son una de las combinaciones clásicas en interiores de atmósfera bohemia. El hecho de haber usado el mismo color para el techo y las paredes intensifica la percepción del azul como color frío.

Una paleta de colores fríos-cálidos bicromática encajará a la perfección en interiores juveniles. El azul favorece el estudio y la concentración, mientras que el rojo y los tonos anaranjados estimulan y confieren vitalidad a la decoración.

Otra combinación clásica de un color frío y uno cálido: azul y amarillo. En este caso se ha reservado el cálido para las grandes superficies (las paredes) y el frío para las pequeñas (el marco de las ventanas). Es la opción más segura.

Un color cálido como el amarillo tenderá a ser percibido como frío en estancias poco iluminadas, y aún más si ha sido utilizado para revestir paredes de materiales fríos como la piedra o el hormigón.

TONALIDADES Y LUMINOSIDAD

Un espacio pintado de blanco será más luminoso que uno pintado de colores oscuros. La sensación térmica también será diferente: más fría para el primero, cálida para el segundo.

Las tradicionales pantallas de lámpara en forma de cono truncado proyectan luz hacia arriba y hacia abajo, dejando una zona tenuemente iluminada en medio, lo que puede ser utilizado para producir diferentes efectos luminosos si se juega con varias lámparas.

Los espacios que cuentan con una buena fuente de luz natural pueden ser pintados o pavimentados con colores oscuros, aunque es recomendable complementar la iluminación con algunos puntos de luz artificial.

Las paredes de vidrio o de cristal y los colores claros son adecuados para pequeños espacios o para aquellas viviendas en las que se quiere aprovechar al máximo la poca luz natural existente.

Las teselas utilizadas para pavimentar las superficies del cuarto de baño pueden ser completamente iguales o de diferentes tonalidades del mismo color. En ese caso, la luz se reflejará sobre ellas provocando efectos visuales dinámicos.

Las persianas enrollables de tela permiten matizar y regular la luz que entra en la estancia a través de las ventanas. En este caso se ha buscado difuminar la luz escogiendo un tono de color para la persiana de la misma gama que el tapizado de los sofás.

Los interiores monocromáticos no tienen por qué resultar aburridos si se juega con las diferentes tonalidades de un mismo color y con la luz que reciben los distintos espacios de una estancia.

El sofá de color blanco y algún que otro elemento decorativo suavizan la frialdad y la oscuridad de esta estancia pintada de color azul oscuro, una elección arriesgada pero de acusada personalidad.

Las ventanas empotradas en la cubierta no son una fuente de luz tan abundante como para elegir para revestir las paredes de esta habitación un color demasiado oscuro. La madera clara es la elección más conveniente en este caso.

Las paredes de ladrillo oscuro absorben la luz, por lo que sólo son recomendables en espacios con una buena iluminación natural. La pared de pavés permite aprovechar la luz de la habitación contigua.

Los interiores monocromáticos confieren al espacio sensación de continuidad. Los techos altos y la abundante luz natural de esta vivienda han permitido pintar la cubierta de madera de color negro, una elección no siempre recomendable.

La iluminación no sólo debe proporcionar una buena visibilidad, sino que además debería realzar el estilo decorativo escogido para un determinado espacio, ayudando a crear un ambiente específico.

1 Las opciones decorativas radicales, como por ejemplo la de crear una estancia en la que todos los elementos sean de color blanco, puede resultar visualmente espectacular, aunque limitará fuertemente nuestra libertad a la hora de decorar e iluminar.

2 Las lámparas no son sólo elementos funcionales: su estilo y su personalidad afectarán en gran medida al colorido y la luminosidad de la estancia realzando o matizando el resto de los elementos presentes en ella.

3 Las lámparas de diseños atrevidos y radicales conferirán al espacio vitalidad y nervio según el tono y el alcance de la luz que despidan.

4 El tabique ubicado frente a la ventana ayuda a difuminar una luz blanquecina sobre el espacio situado a su derecha e izquierda, aunque deja en la penumbra el que se halla detrás de él.

5 La lámpara de pie proporcionará un buen nivel de luz a su alrededor, el llamado "manto de luz", mientras que la función de las velas es decorativa, en este caso se vincula con los tonos pastel de la habitación, y no debería ser contabilizada a la hora de iluminar el espacio.

6 El ser humano recibe el 80% de la información sobre su entorno a través de la visión, y de ahí la necesidad de una iluminación suficiente, circunstancia que se verá favorecida por un colorido claro en la estancia.

7 Los escalones volados de esta estancia provocan caprichosos y atractivos juegos de luz y oscurecimientos bajo ellos gracias a la luz que les llega a través de la claraboya superior.

8 Empotrar luminarias en el techo resulta más trabajoso que colgar una simple lámpara, pero es una opción adecuada para espacios minimalistas como este salón monocromático.

9 Una iluminación potente pero perfectamente difuminada convertirá una cocina de color blanco en un espacio de pureza inmaculada.

10 El espacio de trabajo de la cocina debería iluminarse siempre con abundantes puntos de luz, sobre todo si el mobiliario es de color oscuro.

Para lograr que la luz natural que entra por las ventanas llegue a todos los rincones posibles de la estancia debería evitarse colocar elementos opacos de mobiliario de gran tamaño frente a ellas.

Los focos direccionales empotrados en el techo, deberían contar con bombillas potentes para alcanzar con su brillo todas las superficies que se quieran iluminar, sobre todo si son oscuras.

PALETA DE COLORES

En los espacios de inspiración ecléctica o radicalmente kitsch podemos dar rienda suelta a nuestra imaginación optando por tonos discordantes, lámparas de estilos y luminosidades completamente dispares.

Color > Paleta de colores

La cubierta acristalada a dos aguas de esta vivienda ilumina por completo el espacio situado bajo ella. Los colores chillones escogidos se aprovechan de esta luminosidad para conformar un entorno de gran viveza.

Un interiorismo colorista de inspiración pop salpicado de decenas de pequeños detalles decorativos invita a la combinación de muy distintos tonos y a la saturación de los espacios con muchos elementos pequeños, como en el caso delas sillas o la pared del fondo y el techo de esta estancia.

La abundancia de colores de este dormitorio se beneficia de la profusión con que entra la luz natural a través de la puerta. El amarillo de la pared actúa de lienzo sobre el que se suceden los cuadros y elementos decorativos en disposición abigarrada.

Los colores empastados, aquellos que contienen una mayor cantidad de negro, resultan en principio adecuados para espacios bien iluminados. Es conveniente combinarlos con tonos lejanos en la escala cromática, como en el caso de este salón, para animar el espacio en que se encuentran.

Este interior es un ejemplo de cómo deben combinarse distintos tonos dentro de una gama pastel y de cómo un mismo color se lee de forma diferente en función de cómo esté iluminado, como se ve en las dos estancias contiguas.

ILUMINACIÓN PARCIAL

Los focos empotrados del techo y del suelo permiten despejar el espacio evitando la proliferación de lámparas y apliques. Las pequeñas velas confieren dramatismo y teatralidad y tienen una finalidad puramente decorativa.

Las lámparas de pie, muy utilizadas en los años sesenta y setenta, han caído en desuso, salvo en los interiores de inspiración pop. Su principal ventaja, dejando de lado el aspecto puramente estético, es que iluminan zonas muy alejadas de su base.

Una barra de aluminio similar a un raíl electrificado acoge varios focos que pueden cambiar fácilmente su posición para iluminar zonas muy alejadas entre sí.

La iluminación de exteriores cuenta con sus propias reglas prácticas y estéticas. Como regla general, debe tratarse de una luz uniforme, muy poco agresiva y que no deslumbre.

Los focos proyectores o direccionales suelen ocultarse, aunque a veces se dejan a la vista, cables incluidos, para convertirlos en un elemento decorativo más.

Un espectacular y llamativo candelabro alberga varias velas que confieren dramatismo al interiorismo clásico y de inspiración rústica de esta vivienda.

Las lámparas no tienen una función únicamente utilitaria, sino que también pueden servir como elementos decorativos de primer nivel. La lámpara de mesilla de noche de la imagen imita con humor la forma de una bombilla.

Cualquier elemento decorativo de colores llamativos que coloquemos sobre un fondo negro resaltará fuertemente, reclamando todo el protagonismo visual de la estancia en la que se encuentre. Es el caso de esta lámpara de tonos anaranjados.

1 Dos lámparas de pie colocadas una al lado de la otra iluminarán igual que una lámpara de mayor potencia y tendrán un impacto estético y decorativo mucho mayor.

2 La iluminación de refuerzo se utiliza para destacar elementos decorativos sobre los que se desea focalizar la atención o para crear una atmósfera determinada.

3 Las velas iluminan muy debilmente el espacio en el que se encuentran, y de ahí que se usen básicamente con intenciones decorativas o como luces de atmósfera.

4 Dos focos proyectores empotrados en el techo iluminan el cuadro de la pared para llamar la atención sobre él. Es la opción más utilizada cuando se necesita una potente iluminación de detalle.

5 Para espacios de estética industrial puede resultar una buena y original idea recurrir a los potentes focos utilizados por los profesionales de la fotografía o el cine.

6 Una pantalla de color rojo sobre un fondo blanco atraerá la vista del espectador, convirtiéndose en el elemento central de la estancia en la que se encuentre, siempre que no haya otro elemento que compita con ella.

7 Las dos lámparas de pie iluminan la mesa del comedor con una luz uniforme y cálida, adecuada para los tonos blancos y verdosos escogidos para los revestimientos y los muebles principales de la estancia.

8 Si no necesitamos de una excesiva luminosidad y preferimos dotar a un determinado espacio de una atmósfera tranquila y relajada, recurriremos a lámparas que produzcan una luz de matices cálidos y difusos.

9 Cualquier símbolo, fotografía o dibujo impreso sobre la pantalla de una lámpara adquirirá un fuerte protagonismo estético. En ese caso, la lámpara actuará como si se tratara de una caja de luz.

10 La iluminación de detalle puede utilizarse para resaltar un solo objeto decorativo, como por ejemplo un cuadro.

Una potente luminaria de diseño ilumina la escalera que conduce al piso inferior y el espacio situado sobre ella. Su luz es potente, pero muy localizada en puntos concretos del espacio.

Los focos colgantes de altura regulable permiten ser colocados a diferentes alturas en función de nuestras necesidades, aunque en este caso su haz de luz no puede ser dirigido hacia ningún otro punto que no sea el suelo.

Es habitual encontrar terrazas únicamente iluminadas por la luz de las velas en las viviendas mediterráneas. La iluminación artificial rompería la atmósfera que se busca al recurrir a las velas.

Los apliques de estética exótica y materiales naturales como el papel, la rafia, la madera o todo tipo de telas son adecuados cuando se ha optado por un revestimiento de cañas trenzadas para las paredes.

El de la iluminación es uno de los sectores en los que las nuevas tendencias del diseño han irrumpido con más fuerza. Existen modelos y diseños para todos los estilos decorativos, desde el más clásico al más radicalmente vanguardista.

Las lámparas de colores llamativos y materiales modernos como el plástico suelen tener una potencia menor que la de las lámparas tradicionales, pero su carácter decorativo es mucho mayor, con lo que amplían las posibilidades estéticas de nuestra vivienda.

ILUMINACIÓN GENERAL

Escoger apliques y lámparas de estéticas radicalmente opuestas conferirá dinamismo al espacio. En este caso, una abundante luz natural ha permitido jugar con lámparas cuya finalidad es más decorativa que puramente funcional.

En lo posible, las lámparas y los apliques deben complementar la luz natural, jamás sustituirla.

Las luces de colores o matizadas por algún elemento translúcido, como este panel separador, aportan una luminosidad poco potente pero muy decorativa, de fuertes contrastes.

1 Las fuentes de iluminación indirectas y los focos empotrados tienen una mayor probabilidad de confort visual, es decir, es más difícil que provoquen deslumbramientos o que nos resulten incómodos.

2 Los raíles electrificados no sólo permiten, en la mayoría de los casos, modificar la dirección de los focos, sino también aumentar o disminuir su número en función de nuestras necesidades.

3 Las paredes o paneles separadores de plástico translúcido dejan pasar la luz y se convierten fácilmente en elementos decorativos por sí solos. En este caso, el cuarto de baño actúa como una caja de luz.

4 Las lámparas compuestas de varios focos son muy versátiles y permiten encender sólo algunos o dirigir el haz de luz de cada foco a un punto distinto de la habitación en función de nuestras necesidades.

5 Las diferentes fuentes de luz no tienen únicamente un objetivo funcional; a veces pueden actuar como destacados elementos decorativos, como es el caso de los pequeños puntos de luz del techo de esta vivienda, con una potencia cada uno de 1 a 10 vatios, que lo asemejan a la bóveda celeste.

6 Los focos empotrados en el suelo nos ayudarán a crear caprichosos efectos de luz y color con el menor impacto estético posible.

7 La adaptación de nuestra pupila a la luz de una habitación, similar a la que realiza el diafragma de una cámara fotográfica, será siempre más fácil cuando las fuentes produzcan una luz uniforme o sean indirectas, por ejemplo en el caso de la iluminación de cornisa.

8 En los espacios exteriores es habitual combinar la iluminación localizada, por ejemplo en el porche de entrada, y la de detalle, que ilumina un objeto o un punto muy concreto.

9 En este pasillo se ha optado por la iluminación de caveto, aunque en este caso la fuente de luz no está oculta detrás de una moldura sino del mismo tabique. El tono rosado de la luz emitida por esos focos de aporta un detalle heterodoxo al interiorismo de la vivienda.

10 La iluminación indirecta es la más indicada para aquellas zonas en las que no necesitamos un nivel luminoso alto, localizado en un punto concreto o en un área pequeña.

Un abuso de fuentes de luz dispares puede resultar visualmente agobiante, y de ahí la necesidad de repetir rítmicamente algún elemento. En el caso de esta vivienda, los apliques en forma de candelabro.

Las librerías deben iluminarse en la medida de lo posible de forma uniforme para evitar que las estanterías superiores se encuentren peor iluminadas que las inferiores (o viceversa), lo que nos obligaría a readaptar la pupila demasiado rápidamente.

Las zonas de lectura deben iluminarse lo suficiente como para no tener que forzar la vista en absoluto.

Los cables flexibles de los que cuelgan las cuatro lámparas que iluminan la barra permiten regular la altura de estas por medio de un contrapeso según las necesidades del propietario de la vivienda.

Las luces sobre el área de trabajo de la cocina deben iluminar de forma uniforme este para evitar zonas oscuras.

Un raíl electrificado recorre de punta a punta la cocina en forma de pasillo de esta vivienda. Los tonos amarillentos de su luz aportan calidez a una estancia en la que predominan las tonalidades verdosas, demasiado frías.

1 Los cables flexibles de los que penden las lámparas colgantes también pueden convertirse en llamativos elementos decorativos.

2 Las luminarias circulares actúan como focos visuales de la vivienda, es decir, atraen instintivamente la vista de las personas, obrando como poderosos elementos decorativos.

3 Las lámparas que producen luces de colores resultan tremendamente decorativas, pero ha de tenerse en cuenta que condicionarán por completo la decoración del espacio en el que se encuentren.

4 Los lucernarios cenitales permiten aprovechar la luz natural que recibe la vivienda en su cubierta. Se suelen emplear en estancias en las que, por las razones que sean, ha resultado imposible abrir ventanas o éstas son insuficientes para iluminar el espacio.

5 La lámpara en forma de cono truncado de este comedor proporciona un buen nivel de luz general, mientras que los focos direccionales del techo proyectan su luz hacia la zona que nos interesa iluminar más específicamente en determinado momento.

6 En este tipo de terraza suele ser habitual optar por lámparas de inspiración étnica que emitan una luz puramente decorativa o de ambiente.

7 El perímetro de este balcón urbano se ha resaltado por medio de luces de bajo voltaje ocultas bajo la barandilla. El efecto visual es el de que ésta "flota" por encima del pavimento.

8 En una habitación de líneas puras y en la que no encontremos apenas elementos decorativos con formas orgánicas podremos observar con mucho más detalle los juegos luminosos producidos por las fuentes de luz indirectas.

9 En esta vivienda se ha logrado un exquisito contraste entre fuentes de luz natural (las ventanas) y fuentes artificiales de iluminación general, localizada y de detalle. Los techos altos permiten jugar mucho más eficazmente con las diferentes intensidades y tonalidades de la luz.

10 Cinco focos incrustados en el falso techo, alineados a un lado de la habitación en lugar de en el centro, bastan para iluminar adecuadamente espacios estrechos.

Una plataforma suspendida del techo alberga decenas de velas que aportan una luz decorativa cálida y acogedora al comedor de esta vivienda de grandes ventanales.

A la hora de optar por una iluminación debe tenerse en cuenta no sólo el grado y el tipo de luminosidad, sino también el calor que desprenderá.

La iluminación de cornisa permite iluminar hacia abajo por medio de fuentes de luz ocultas tras una cornisa de obra situada junto al borde del techo, donde este se junta con la pared.

Luz > Iluminación general

LUZ NATURAL

La luz natural es la más apreciada por los interioristas. Las fuentes de luz natural de las que disponen las viviendas se deben aprovechar siempre al máximo, sacando de ellas el mayor partido posible.

Los lucernarios o claraboyas son un recurso tradicional para aprovechar la luz natural que recibe la cubierta de una vivienda y que normalmente se suele desaprovechar.

Casi toda la superficie de la pared frontal de esta casa ha sido ocupada por ventanales para aprovechar de la manera más eficaz posible la luz natural.

En este caso, la pared-ventanal no tiene simplemente una función utilitaria (aprovechar la luz natural), sino también decorativa, al actuar como marco para el espectacular paisaje que rodea la vivienda.

Un vidrio como el de la imagen dejará pasar la luz pero no permitirá distinguir desde el exterior lo que ocurra en el interior de la vivienda. De ahí su uso en el cuarto de baño.

Las ventanas fijas no pueden abrirse para ventilar la estancia, y de ahí que su única finalidad sea la de proporcionar luz al interior de la vivienda.

Las ventanas de esta vivienda proporcionan un nivel suficiente de luz general y ceden la iluminación de detalle y la de refuerzo a los focos empotrados direccionales del falso techo.

Unas cortinas translúcidas permitirán matizar el nivel de luz que entre por las ventanas, disminuyendo o aumentando su intensidad en función de si están recogidas o desplegadas.

1 Las ventanas empotradas en la pared de la vivienda suelen ser utilizadas como fuente de iluminación extra cuando se considera que el nivel de luz proporcionado por las ventanas convencionales no será suficiente.

2 Una ventana triangular permite aprovechar el muro piñón o hastial en el cual descansan las dos partes de la cubierta a dos aguas.

3 La pared-ventana curva separa el salón de la terraza, de esta vivienda con cubierta a dos aguas. La retícula de elementos horizontales y verticales la convierte visualmente en una rejilla de luz.

4 Un patio interior no proporcionará tanta luz como una ventana completamente abierta al exterior, pero no deberíamos desechar su ayuda. Contribuirá a esponjar el espacio y darle "aire" visual.

5 Una cubierta de paneles translúcidos proporciona luminosidad en la biblioteca de esta vivienda.

6 Dos butacas junto a una pequeña mesa de centro servirán para crear una acogedora zona de lectura bañada en luz natural.

7 La mitad superior de la pared-ventana de esta estancia ha sido tratada al ácido para matizar y reducir la cantidad de luz natural que entra por ella.

8 Las ventanas abuhardilladas son aquellas (verticales) situadas en cuerpos salientes de las cubiertas inclinadas.

9 La ventana a la que se asoma el fregadero de la cocina permite asomarse al exterior a quien esté trabajando en ella, y además le brinda una visibilidad inmejorable.

10 Las ventanas como las de la imagen permiten aprovechar la altura de los tabiques para iluminar espacios adyacentes. Su hoja basculante permite además regular el paso del aire.

La pequeña ventana fija circular situada sobre la ventana principal de este salón de estar proporciona luminosidad extra a la estancia y compensa la pesadez visual de la pared de ladrillo.

Las claraboyas en el suelo de esta plataforma (una ventana rasgada "horizontal", en definitiva) permiten que la luz llegue también hasta el nivel inferior.

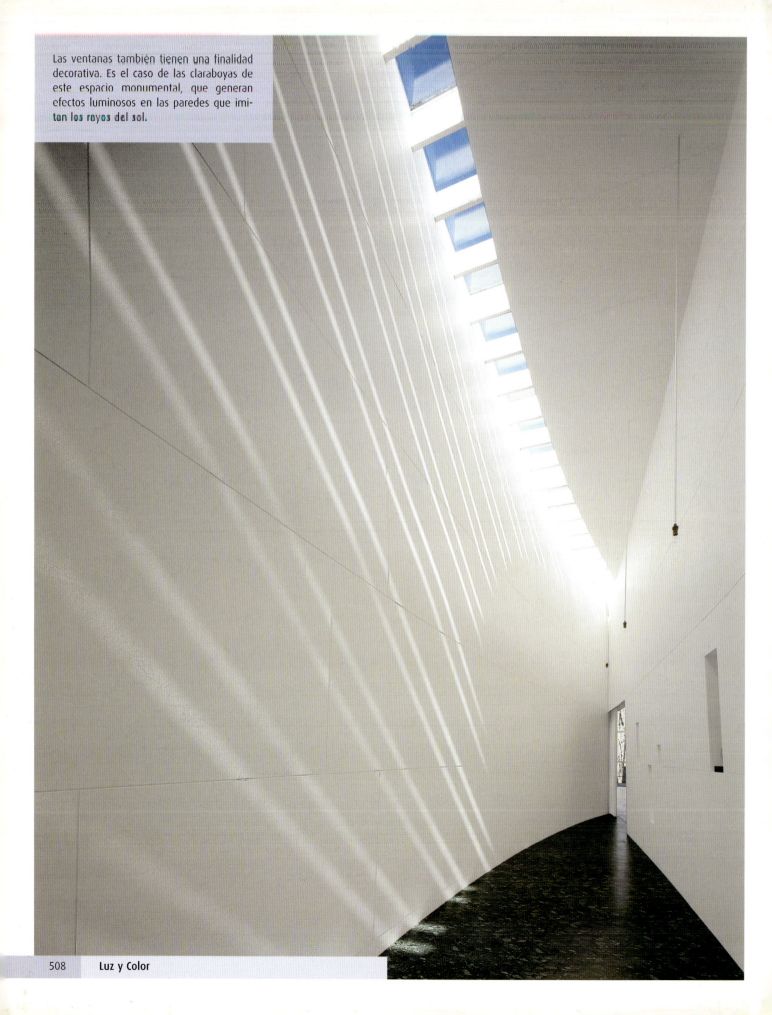

Las ventanas también tienen una finalidad decorativa. Es el caso de las claraboyas de este espacio monumental, que generan efectos luminosos en las paredes que imitan los rayos del sol.

En esta vivienda se ha optado por paredes-ventana para integrarla visualmente en su entorno y permitir a sus propietarios disfrutar en todo momento y desde cualquier rincón de la visión del bosque que la rodea.

Una ventana situada a gran altura hará llegar la luz a mayor distancia que una situada a media altura, aunque dejará en penumbra la zona que se halla por debajo.

Las distintas formas de las ventanas y las fuentes de luz artificial de este espacio (rectangulares apaisadas, semicirculares, cuadradas y esféricas) le aportan dinamismo.

CRÉDITOS FOTOGRÁFICOS

A. Burckhardt, B. Santo págs. 226 (4), 352 (6)
Adam Buttler págs. 14 (2), 127, 231, 301, 307 (7), 353 (10), 384, 403 (8), 435 (9), 468
Adrian Gregorutti págs. 46, 134, 190, 264 (1), 499
Åke Eison Lindman págs. 16, 137, 240, 263, 344, 383, 390, 398, 400
Alessandro Ciampi págs. 54, 109 (7), 434 (6), 478
Alberto Martínez págs. 15 (9), 64 (2), 71, 93 (10), 230, 365 (10)
Alberto Peris Caminero págs. 27, 36 (4), 50 (1), 80 (5), 358 (2)
Alberto Piovano págs. 37 (7), 264 (4), 314, 487 (8)
Alejandro Bahamón (arquitecto) págs. 53, 65 (10), 227 (7), 277 (9), 279, 324, 388 (2), 486 (6)
Ali Bekman, Salih Kucuktuna (arquitecto) págs. 37 (8), 216, 221, 347
Andrea Martiradonna págs. 42 (6), 43 (8, 10), 56 (6), 67, 69, 79, 145, 182, 189 (7), 194 (5), 206 (6), 245, 295, 309, 373 (9), 387, 477 (8, 10), 506-507
Andreas Greber Hasle-Ruegsau pág. 318 (6)
Andrés Ortero págs. 343 (7), 422
Andrew Wood págs. 14 (3), 21 (8), 88, 114, 169 (10), 237, 320, 342 (2)
Ángel Baltanás págs. 64 (5), 171, 175 (8), 372 (4)
Angelo Destefani págs. 29 (8), 226 (2), 272, 354, 366
Azcue págs. 414 (4)
Barclay & Crousse págs. 24 (2), 37 (10), 223
Benny Chan/Fotoworks págs. 50 (5), 156, 191, 397 (9), 403 (7), 414 (1)
Bill Timmerman págs. 15 (10), 148 (6), 200 (6), 222, 235, 501
Calor-color pág. 482
Caramel Architekten págs. 206 (2), 504 (6)
Carlos Domínguez págs. 28 (6), 217, 257, 268, 308, 319 (9), 333, 353 (7), 364 (6), 372 (5), 405, 476 (3)
Carlos Emilio pág. 149 (10)
Christian Richters págs. 56 (2), 64 (1), 94-95, 131 (8), 296 (4)
Christopher Wesnofske págs. 34, 51 (8), 296 (3)
Claudia Uribe págs. 130 (3), 179, 252 (3), 318 (3), 346
Cog Work Shop, Deborah Bird págs. 41, 66, 330 (1)
Dao Lou Zha pág. 183
David Joseph págs. 19, 142, 494
Davide Virdis págs. 42 (3), 104-105, 338, 365 (8), 454
Dear pág. 413
Deidi von Schaewen/Omnia págs. 219, 376 (1, 6), 377 (7, 8), 462, 464-465
Dominique Vorillon págs. 73, 242 (4), 255, 260, 278, 280, 359 (8), 371
Duravit págs. 194 (1, 3, 4), 195 (9), 215, 388 (6)
Edua Wilde págs. 74 (3), 296 (1), 328
Eduard Hueber/Archphoto págs. 97, 108 (1, 5), 130 (4), 135, 205, 242 (5), 276 (3), 317, 402 (3), 489
Eduardo Consuegra pág. 372 (3)
Eugeni Pons págs. 14 (4), 23, 26, 57 (10), 70, 74 (6), 75 (8), 107, 352 (1), 365 (9), 457 (8, 9), 477 (7), 491, 504 (1, 4)
Flaminia págs. 201 (9), 212-213
Foscarini pág. 483
Francesca Giovanelli págs. 163 (8), 299, 312, 510
Future-Scape Architects, Daigo Ishi págs. 334, 341, 343 (10)
Gary Chang, Janet Choy págs. 56 (4), 152, 184 (4)
Gianni Basso/Vega MG pág. 140
Giorgio Baroni págs. 141, 186, 238, 274-275, 319 (10), 321, 322, 342 (3), 348, 367, 375, 376 (5), 392, 492 (6)
Graft págs. 130 (1)
Groep Delta Architectuur págs. 225, 227 (10), 250, 495
Gus Wüstemann pág. 486 (3)

Guy Objin págs. 224, 226 (3), 388 (5), 389 (9), 396 (4), 434 (3)
Hans Peter Wörndl págs. 331 (8), 376 (3), 389 (8)
Hanspeter Schiess pág. 100
Hervé Abbadie págs. 74 (2), 75 (10), 81 (10), 109 (8), 121, 241, 253 (8), 276 (5), 294, 335, 352 (5), 426, 484
Hiroyuki Hirai págs. 36 (2), 148 (1), 342 (1)
I29 pág. 195 (8)
Ignacio Martínez págs. 20 (4), 86, 124, 139, 174 (6), 185 (9), 276 (2), 313, 401, 496
J. Latova págs. 100 (1), 226 (1), 252 (1), 318 (2), 503, 504 (5)
Jacques Dirand pág. 162 (4)
James Silverman págs. 25 (10), 130 (5), 148 (2), 242 (1), 252 (4), 345, 403 (9)
James Wilkins pág. 206 (5)
Jeroen Dellensen págs. 132, 184 (5), 325, 342 (5)
Joan Mundó págs. 28 (1), 246, 357, 437
João Ribeiro págs. 52, 72, 161, 266, 327, 362
John Ellis págs. 31, 352 (2, 3), 148 (5), 185 (7), 226 (6), 353 (9)
Jordi Miralles págs. 2, 14 (1), 20 (3), 28 (3), 29 (9), 43 (7), 47, 56 (5), 57 (7), 58-59, 74 (4, 5), 80 (3), 92 (2, 3, 5), 108 (3), 125, 130 (2, 6), 133, 154, 158, 168 (3), 178, 200 (2), 207 (8), 208-209, 228-229, 253 (7, 9, 10), 264 (5, 6), 267, 271, 276 (6), 285, 290-292, 296 (2, 5), 306 (1), 307 (8), 316, 330 (3, 5), 331 (9, 10), 343 (8), 360, 364 (1, 3), 372 (2, 4), 391, 402 (6), 434 (2, 4), 435 (8, 10), 436, 438-439, 445, 455, 456 (2, 4), 457 (10), 458-459, 471, 485, 487 (7), 488, 490, 492 (5), 493 (9), 502
Jordi Sarrà págs. 20 (1, 6), 24 (3, 5, 6), 25 (2, 7), 29 (7), 42 (2, 4), 60, 80 (6), 83, 91, 98-99, 103, 106, 108 (6), 111-113, 115-119, 123, 129, 146, 168 (2, 5), 169 (7, 9), 174 (2), 175 (7, 8), 181, 188 (4), 193, 196, 199, 200 (3, 5), 201 (10), 202, 204, 214, 273, 286, 306 (6), 307 (9, 10), 358 (3, 6), 370, 372 (6), 373 (7), 376 (4), 377 (10), 381-382, 388 (4), 389 (7, 10), 393-395, 396 (2, 5), 397 (8), 410-411, 414 (3, 6), 417-421, 423-425, 427-432, 440, 442-443, 448-453, 456 (3), 463, 466-467, 475, 481
José Latova pág. 194 (2)
José Luis Hausmann págs. 120, 144, 148 (4), 160, 206 (1), 252 (5), 358 (5), 397 (7), 433, 479
Jovan Horvát págs. 340, 396 (3), 415 (9)
Joy von Tiedemann págs. 96, 110, 184 (1), 304, 330 (4), 476 (5)
Juan Rodríguez págs. 50 (2), 57 (8), 128, 207 (10)
Karin Heßmann/Artur pág. 81 (9)
Kinder Räume pág. 330 (6)
Knott Architects págs. 84, 131 (10), 184 (2), 486 (5)
Kouji Okamoto págs. 18, 40
L. Agnoletto, M. Rusconi pág. 339
Laurent Brandajs págs. 14 (6), 15 (7), 50 (3), 51 (9), 80 (1, 4), 93 (9), 108 (4), 138, 149 (9), 151, 194 (6), 195 (7), 206 (4), 242 (2, 3, 6), 243 (8), 251, 259, 265 (7), 277 (8), 302, 306 (4), 319 (7), 330 (2), 386, 399, 476 (4), 477 (9), 486 (2), 487 (9), 492 (1)
Linda Vismara/Vega MG pág. 388 (3)
Luigi Filetici págs. 155, 168 (6)
Luis Asín págs. 28 (5), 50 (4), 56 (3), 166, 297 (7)
Luis Hevia págs. 16, 21 (10), 51 (10), 68, 169 (8), 414 (6), 415 (10), 434 (5)
Luis Ros págs. 470, 472
Lyndon Douglas págs. 187, 493 (7)
Matteo Piazza págs. 28 (2), 29 (10), 35, 43 (9), 44, 57 (9), 74 (1), 82, 220, 240, 270, 276 (4), 277 (10), 288, 297 (8, 9, 10), 353 (8), 376 (2), 447, 456 (1, 6), 476 (1), 480, 487 (10), 492 (4), 511
Michael Freisager Fotografie págs. 21 (7), 37 (9), 188 (5)

Michael Moran págs. 20 (2), 36 (5), 64 (3), 65 (8), 78, 108 (2), 247
Michele De Vita págs. 81 (8), 174 (1), 189 (10), 298
Miquel Tres págs. 203, 249, 283, 358 (1), 359 (10), 414 (5), 434 (1)
Miri Davidovitch págs. 15 (8), 32, 77, 252 (6), 264 (2)
Montse Garriga págs. 50 (6), 365 (7)
Nacasa & Partners Inc. pág. 385
Nelson Kon págs. 48, 64 (4)
Nick Philbedge págs. 55, 157, 504 (3)
Nuria Fuentes págs. 102, 207 (9), 351, 474, 476 (6)
Pablo Rojas, Álvaro Gutiérrez págs. 162 (6), 168 (1), 170, 200 (1)
Page Goolrick págs. 80 (2), 162 (1)
Paul Ott págs. 22, 90, 189 (9), 210-211, 261, 281, 306 (5), 364 (5), 368
Paul Rivera/Archphoto págs. 76, 147, 164, 188 (3), 207 (7), 236, 256, 388 (1)
Pedro D'Orey págs. 45, 300, 355, 358 (4), 380, 509
Pekka Littow págs. 21 (9), 65 (7), 318 (1), 402 (1), 505 (8)
Pep Escoda págs. 13, 64 (6), 81 (7), 85, 258, 264 (3), 277 (7), 310, 361, 396 (1), 412, 444, 469, 476 (2)
Peter Wenger págs. 51 (7), 92 (1), 143, 276 (1), 504 (2)
Pizzi and Thompson págs. 25 (9), 42 (5), 226 (5), 227 (9)
René Pedersen pág. 185 (10)
Richard Dean pág. 162 (5)
Richard Glover pág. 435 (7)
Rika Oishi pág. 149 (8)
Robert Shimer, Hedrich Blessing págs. 284, 315, 500
Rupert Steiner págs. 42 (1), 75 (9), 92 (4), 93 (8), 122, 185 (8), 188 (6), 201 (8), 244, 323, 493 (8)
Ryota Atarashi págs. 101, 311, 486 (1)
Santiago Barrio págs. 65 (9), 234, 252 (2), 296 (6), 364 (4), 374, 505 (7)
Satoshi Asakawa págs. 20 (5), 36 (1, 6)
Satoshi Okada Architects págs. 262, 508
Scott Frances págs. 49, 62-63, 175 (9), 184 (6), 200 (4), 350, 352 (4), 377 (9), 404, 473
Seong Kwon págs. 136, 201 (7), 243 (9), 359 (7, 9), 397 (10), 505 (10)
Shania Shegedyn págs. 28 (4), 30, 126, 165, 227 (8), 254
Shannon McGrath pág. 372 (1)
Sharrin Rees págs. 93 (7), 131 (9), 150, 162 (3), 163 (10), 167, 174 (4), 175 (10), 192, 306 (3), 318 (4), 343 (9), 373 (8), 446, 486 (4), 492 (2), 493 (10)
Solvi dos Santos/Omnia págs. 168 (4), 457 (7)
Steffen Jänicke, Jens Vogt págs. 36 (3), 176-177, 184 (3)
Stephan Zähring págs. 174 (3), 188 (2)
Steve Williams págs. 87, 265 (10), 329
Tim Griffith págs. 56 (1), 342 (6), 415 (8)
Tisettanta pág. 441
Toni Leichner págs. 131 (7), 148 (3), 206 (3)
Tuca Reinés págs. 75 (7), 189 (8), 305, 319 (8), 492 (3)
Undine Pröhl págs. 109 (9), 153, 163 (7), 172-173, 174 (5), 243 (7), 265 (8), 282, 336, 402 (2, 4), 403 (10)
Verycruisse Dujardin pág. 149 (7)
Vincent Knapp pág. 195 (10)
Virginia del Giudice pág. 373 (10)
Weberhaus pág. 318 (6)
Weldon Brewster págs. 17, 61, 406-407, 498
Yael Pincus págs. 12, 14 (5), 24 (1, 5), 25 (8), 33, 38-39, 92 (6), 109 (10), 159, 162 (2), 163 (9), 180, 197, 198, 218, 239, 243 (10), 265 (9), 269, 287, 293, 303, 306 (2), 318 (5), 331 (7), 332, 342 (4), 349, 356, 363, 364 (2), 369, 378-379, 396 (6), 402 (5), 414 (2), 415 (7), 416, 456 (5), 460-461, 497, 505 (9)
Yong Kwan Kim págs. 89, 289, 326, 337

[1] Los números entre paréntesis identifican la fotografía.